당신의
밤이
편안했으면 해

일러두기

1. 이 책에 소개한 사연은 내담자의 보호를 위해 적절히 수정했고 가명임을 밝힙니다.
2. 〈그림책 심리처방전〉은 저자가 실제 상담에서 활용한 심리치료 활동들입니다.
3. 인명은 최초 노출 시에만 풀네임을 밝혔고 널리 알려진 인물인 경우 이를 생략했습니다.

당신의
밤이
편안했으면 해

마음이 홀가분해지는 마흔 번의 심리상담과 그림책 처방

— 임명남 지음

그래도봄

책을 펴내며

아이들이 책을 좋아하는 사람으로 컸으면 좋겠다는 바람이 있었다. 그래서 시간이 날 때마다 열심히 책을 읽어주고 함께 활동하며 재미있게 놀아주었다. 우리 아이들뿐만 아니라 옆집 아이, 동네 아이들을 비롯하여 많은 아이를 만나 책 관련 수업을 했다. 어느새 나는 독서교육 전문가가 되어 있었고 10여 년이 넘게 아이와 학부모를 만났다. 늘 궁금했다. 뭐든지 열심히 하는 사람이 있는가 하면 뭐든지 불평불만을 늘어놓는 사람이 있고, 어떤 상황에 부닥쳐도 기꺼운 마음으로 즐기는 사람이 있는가 하면 아프다고 징징거리며 회피하는 사람이 있는데, 그 차이는 어디에서 비롯된 걸까?

타인에 대한 궁금증으로 시작한 상담 공부는 하면 할수록 '나'에 대한 궁금증으로 이어졌다. 제일 먼저 시시때때로 찾아오는, 특히 비 오는 날이면 어김없이 엄습하는 나의 우울은 언제 어떤 경로로 시작되었는지 파헤치기 시작했다. 일상생활에서 나도 모르게 튀어 나오는 공격성을 알아차리면서 내 속에 억압되어 있던 분노 감정도 들여다보게 되었다. 나는 그렇게 숨겨진 불안을 만나고, 혼란스러움을 만나면서 저 밑바닥에 납작 엎드려 있는 수치심도 만날 수 있었다. 썩 마음에 들지는 않지만 있는 그대로의 내 모습을 인정하고 이해하고 수용할 수 있게 되었다.

상담의 매력에 점점 빠져들면서 내가 좋아하던 책과 상담을 엮으면 어떨까 생각했다. 개인 상담이 이루어지는 50분이라는 짧은 시간 동안 함께 책을 읽고 이야기를 나누는 것만으로도 위로가 되고 조금이라도 편안함을 느낄 수 있도록 말이다. 그래서 그림책으로 독서치료를 하기 시작했다. 그림책이 가진 은유의 힘은 놀라웠다. 그저 책만 읽었을 뿐인데 그림책이란 거울에 비친 자기 모습을 보며 울고 웃으며 크고 작은 위안을 얻었고 그렇게 다시 일어설 힘을 얻었다. 주인공에게 자신을 투사하여 카타르시스를 경험하면서 마음의 여유를 되찾고 어떻게 하면 효율적으로 대처할 수 있을까 방법을 찾아내기도 했다. 그 옆에서 나는 그저 함께 그림책을 읽고 이야기를 나누면서 상담이론에 기초한 질문을 가끔 시도할 뿐이었다. 내담자들은 자기 스스로 문제를 인식하고 해결방안을 찾아 나가곤 했다.

문제는 생각지도 못한 곳에서 나타났다. 어렵게 상담을 왔으나 상담료 때문에, 시간과 거리 때문에 이어 나가지 못하는 분들이 생긴 것이다. 안타까운 마음이 들었다. 때로는 낯선 사람 앞에서 자신의 이야기를 꺼낸다는 것이 두려워 망설여진다는 분들도 있어 신경 쓰였다. 어렵게 상담실에 왔으나 자신의 상처를 직접적으로 들여다보면서 애써 외면하거나 억압해 두었던 아픈 기억을 떠올려야 한다는 사실에 지레 겁먹고 상담을 포기하는 이들이 마음에 걸렸다. 그래서 이런 분들을 위해 무언가 작은 시도라도 해봐야겠단 생각을 하게 되었다.

이 책은 이런저런 사정으로 상담실에 올 수 없는 분들을 위해 쓰였다. 그동안 그림책과 함께했던 심리상담을 고르고 골라 40개의 이야기로 담았다. 짧은 시간에 빠르게 읽을 수 있는 그림책을 보면서 자신의 흔들리는 감정들을 만나볼 수 있게 '혼란스러움과 불안함' '분노와 수치심' '슬픔과 위로' '행복과 바람'으로 분류했다. 일상생활에서 자주 만나는 감정들이자 불편하게 느껴지는 감정들이다. 하지만 이런 감정들은 우리가 하루하루를 안전하게 생활할 수 있도록 돕는 동시에 보다 나은 자신으로 살아가도록 돕는 중요한 것들이다. 사실, 불안이나 우울 등의 감정들은 어떻게 받아들이고 다루느냐에 따라 많이 달라진다. 당장 불편하다고 외면하거나 억압해 두면 문제를 일으키지 않고 조용히 그 모습을 드러내지 않는다. 그렇다고 그 감정들이 없어지는 것은 아니다. 내 안에 고착되어 세력을 조금씩 조금씩 넓혀나가다가 어느 순간 빵~! 하고 터트리며 문제를 일으킨다. 고로 그때그때 일어나는 분노나 슬픔 등의 감정을 잘 만나주고 어루만져 주어야 한다. 지금 바로 그 감정을 다루기 어렵다면 나중에라도 반드시 꺼내어 마주 대해야 한다. 특히 어릴 때 제대로 다루지 못한 상처 경험에서 비롯된 감정이 지금의 나에게 신호를 보내고 있다면 더 늦기 전에 감정의 존재를 인정하고 제대로 만나주면서 효율적으로 표출될 수 있도록 노력해야 한다. 그래서 이 책에서는 게슈탈트 이론, 인지행동치료, 의미치료, 정신분석, 인간중심 및 대상이론 등 여러 가지 상담이론을 바탕으로 어떻게 노력하면 좋은지, 어떤 효과가 있는지 등 이해하기 쉽게 소개했다. 또 그림책을 읽고 간단하게라도 따라 할 수 있도록 '그림책 심리 처방'을 수록했다. 자신의 아픔과 맞닿아 있는 그림책을 읽고 그 아픔을 치료해나가고자 하는 독자분들이 혼자서라도 동일시와 탈동일시, 정서적 해소와 상처 재경험, 직면과 투사, 무의식의 의식화 등 심리치료 활동을 해볼 수 있도록 솔루션을 제시했다.

시간이 날 때마다 그림책을 읽고 음미해보길 권한다. 자신의 어떤 경험과 맞닿아 있는지 천천히 탐색해보고 그와 관련된 기억을 떠올리면 좋겠다. 이를 위해 조용한 공간에서 차분한 마음으로 그림책을 읽고 그 속에서 느껴지는 자신의 감정을 솔직하게 만나보길 바란다. '그림책 심리 처방'에 따라 자신과 진솔하게 대면하게 되면 내면의 자아가 현실의 나에게 이런저런 이야기를 전할 수 있다. 그 이야기에 충분히 귀를 기울이다 보면 그에 답하고 싶은 말들이 떠오를 수도 있다. 그러면 내면의 나에게 나지막하게 진심을 담아 말을 건네면 된다. 이런 경험의 시간은 한 번만으로 충분하지 않을 수도 있다. 검은 잉크가 가득한 물에 깨끗한 물을 한 번 부어준다고 단번에 깨끗해지지 않는 것처럼. 그러니 괜찮아질 때까지 충분히 반복해주는 것이 좋겠다. 그림책을 통해 따뜻한 위로와 응원을 주고받다 보면 사랑으로 나를 감싸게 되고 새로운 희망을 발견하게 될 것이다.

이 책이 나오기까지 우여곡절이 많았다. 끝까지 믿고 응원하며 마무리되기까지 묵묵히 기다려주신 그래도봄 대표님과 가족들에게 감사드린다. 부족한 것이 많은 상담사지만 이런 나에게 귀한 시간을 허락해준 내담자에게도 고맙단 인사를 하고 싶다. 머리에서 가슴까지 가는 짧고도 긴 여행을 기꺼이 해주신 익명의 여러분이 있었기에 이 자리까지 올 수 있었고 책을 마무리할 수 있었다. 마지막으로 서툴고 불안한 마음으로 오늘을 살아가는 많은 독자분이 이 책을 마주하며 온전한 삶을 살아가는 데 작은 도움이 되기를 소원한다. 자신이 지닌 강한 내면의 힘을 믿고 모두가 한 걸음 한 걸음 앞으로 나아가길 바라는 마음으로 응원하며.

2022년 9월의 어느 날
우보 임명남

차례

1부
혼란스러움과 불안함

2부

분노와 수치심

3부

슬픔과 위로

4부

행복과 바람

1부

혼란스러움과 불안함

다른 사람의 반응이 신경 쓰여요 | 아이에게 한없이 부족한 엄마 같아 미안해요 | 더, 더, 더 잘하고 싶어요 | 나의 비밀을 들킬까 봐 불안해요 | 제 사랑 방식이 틀렸다고요? | 우린 달라도 너무 달라요 | 무슨 일이 생기면 어떡하죠? | 아이가 나처럼 될까 봐 두려워요 | 왜 우리 아이만 늦되는 느낌일까요? | 시간이 흘러도 부모 노릇은 힘드네요

1

첫 번째 상담

다른 사람의 반응이 신경 쓰여요

내 감정의 주체 되기

《지하 정원》

조선경 글·그림, 보림, 2005

30대 중반의 시은 씨는 똑 부러지는 성격에 야무지게 일 처리를 잘해서 남들보다 이른 나이에 팀장으로 승진했다. 부모님의 사랑을 많이 받고 자란 막내 시은 씨는 성격이 밝고 남들 앞에서 분위기를 주도하는 것을 좋아했다. 회식 자리에서도 분위기를 띄우기 위해 이런저런 말을 신나게 늘어놓았다. 하지만 주변 사람들의 생각과 달리 시은 씨는 집에 와서는 실수한 건 없는지, 잘못 말한 건 없는지 신경 쓰여 밤새도록 뒤척이곤 한다. 회사 사람들에게 실수하면 업무에 영향을 미치니 어쩔 수 없다고 할 수도 있다. 하지만 스트레스 풀려고 하는 탁구나 스쿼시 동호회에 갔다 온 후에도 전전긍긍하는 게 일상이다. 최근 몇 년 사이 자꾸 이런 일이 반복되니 시은 씨는 아예 사람들이 모이는 자리를 피하고 있다. 속사정을 모르는 지인들은 시은 씨가 빠지니 분위기가 너무 처진다고, 오늘은 꼭 나오라고 연락하지만, 시은 씨는 대인기피증처럼 혼자 있기를 고집하게 된다. 그런데 막상 혼자 있으면 너무 외롭고 서러워서 꺽꺽 울게 되니 시은 씨는 이러지도 저러지도 못하겠다고 곤란해했다.

《지하 정원》의 주인공은 지하철 청소부 모스 아저씨다. 아저씨는 다른 사람들이 퇴근해서 집으로 돌아갈 무렵에 출근을 한다. 지은 지 오래되어서 군데군데 칠이 벗겨지고 낡은 지하철역을 아저씨는 정성 들여 청소한다. 책임감을 가지고 성실하게 청소하는 아저씨는 자신의 모습을 아무도 알아주지 않아도 신경 쓰지 않고 묵묵히 할 일을 하는 사람이다. 그러던 어느 날 막차를 기다리는 사람이 어디선가 이상한 냄새가 난다고 말하는 걸 듣는다. 모스 아저씨는 다른 사람의 평가에 모든 신경을 다 끌어모으고 불안해하는 시은 씨와 다른 반응을 보인다. 악취가 난다는 말을 듣고 아저씨는 화를 내거나 기분 나빠하는 대신 막차가 떠나길 차분하게 기다린 다음, 고약한 냄새가 어디에서 나는지 찾으려고 지하철 터널 안을 꼼꼼히 살펴본다. 그러다가 어두운 터널 끝에서 고약한 냄새가 난다는 것을 알게 되자 그날부터 지하철역 청소가 끝난 다음 퇴근하기 전에 어두운 터널을 청소하기 시작한다.

예상치 못했던 문제가 발생했음에도 불구하고 모스 아저씨는 불평불만을 하거나 발을 동동 구르며 걱정하기보다 자신이 처한 환경에서 할 수 있는 일을 찾아서 하나씩 해나가기 시작했다. 아저씨는 시은 씨처럼 문제점을 인지했을 때 피하거나 타인을 신경 쓰지 않았다. 창피해하거나 모른 척 무시하지도 않았다. 그 원인을 찾아내기 위해 용기를 내어 지하 터널 속으로 들어갔고 문제상황을 정확하게 직면한 다음 과감하게 수정해나갔다.

그렇게 여러 날 바닥에 고인 더러운 물을 닦아내고, 벽에 묻은 검은 때를 지우고, 군데군데 피어 있는 곰팡이를 벗겨내던 모스 아저씨는 우연히 땅 위로 통하는 환기구를 발견했다. 그리고 그곳에 가득 쌓인 쓰레기도 어김없이 치웠다. 그러자 환기구를 통해 은은한 달빛과 서늘한 밤바람이 밀려들었다. 아저씨는 쓰레기장에 버려진 게 안쓰러워 집으로 가져와 화분에 심어두었던 나무를 환기구 안쪽에 심었다. 그리고 매일 퇴근하기 전 그곳에 들러 나무에 물을 주며 가꾸었다. 그러자 그곳은 아저씨만의 지하 정원이 되었다. 덕분에 터널 안에서 나는 아늑하고 싱그러우면서 풋풋한 냄새가 지하철역까지 퍼지기 시작했고, 지하철을 기다리는 사람들의 얼굴도 밝고 환해졌다. 아저씨가 돌보는 나무 역시 쑥쑥 자라서 어느 날부터 환기구 덮개 위로 가지를 쭉쭉 뻗어나갔고 도시 여기저기에 소문이 나기 시작했다.

시은 씨가 다른 사람들의 말이나 행동에 쉽게 상처를 받고, 실수를 하지 않으려고 긴장하는 것은 남들에게 괜찮은 사람 또는 좋은 사람으로 인정받고 싶은 욕구 때문이다. 모임에 나갔을 때 시은 씨는 분위기를 띄우기 위해 밝고 명랑하게 나서서 이야기를 주도하지만, 계속해서 다른 사람의 시선과 평가를 의식하며 신경 쓰느라 늘 긴장할 수밖에 없다. 착한 사람, 좋은 사람이 되어야 하기 때문에 자기 마음대로 행동할 수 없어서 항상 조심하다 보니 에너지 또한 많이 소비한다. 그러다 보니 사람들이 많이 모이는 곳에 가길 꺼리게 되고, 혼자 지내는 시간이 많아지면서 외롭고 쓸쓸해지는 것이다. 시은 씨는 다른 사람의 말이나 행동은 내가 마음대로 바꿀 수 없으니 상처를 받지 않으려면 그런 자리를 피하거나 혼자 참고 견디어야 한다고 생각했다. 물론 자신을 평가하는 다른 사람의 태도나 시선은 바꿀 수 없다. 그러나 그 사람들에 대한 나의 반응은 마음만 먹으면 얼마든지 바꿀 수 있다. 지금까지 생각해왔던 나의 태도나 마음가짐을 손바닥 뒤집듯이 금방 바꿀 수 있는 것은 아니다. 그러나 의지를 가지고 노력하면 얼마든지 자신을 바꿀 수 있다.

정신과 의사이자 의미치료 창시자인 빅터 프랭클(Viktor Frankl) 역시 타인의 눈치를 보거나 관계의 피곤함에서 벗어나기 위해서는 스스로 자기감정의 주체가 되어야 한다고 말했다. 자극과 반응 사이에는 공간이 있는데, 그 공간 안에서 우리는 자신의 반응을 선택할 수 있는 자유와 힘을 가지고 있다. 프랭클이 말한 공간은 자극과 반응의 완충 지대, 다시 말해 다른 사람들의 반응에 자신이 어떻게 반응할지 생각할 수 있는 마음의 공간을 뜻한다. 이 공간 안에서 우리는 상대방의 말이나 행동에 대한 나의 해석을 달리하면서 상처받지 않는 쪽으로 선택하려고 노력할 필요가 있다. 다른 사람과 좋은 관계를 유지하고 싶다면 제일 먼저 해야 할 일은 타인의 잣대에 휘청거리는 자기중심을 잡아야 한다. 타인의 평가 감옥에 갇힌 나를 해방시키려면 우선 사람들의 평가에 대한 나의 반응을 바꾸어야 하는데, 그러려면 나에게 집중해야 한다. 타인을 향한 시선과 관심을 나에게 돌려 내 생각은 어떤지, 내 감정은 어떤지 내 마음에 집중해야 한다.

시은 씨는 자신이 어떤 감정 때문에 힘들고, 그런 감정을 느끼는 이유는 무엇인지, 어떤 생각 때문에 불편한지 탐색하면서 자기중심을 잡아나가기 시작했다. 그리고 사람은 누구나 자신의 기준에서 아는 대로만 생각하고 행동한다는 사실과 자신을 수용할 수 있는 만큼만 다른 사람을 수용할 수 있다는 사실을 기억하면서 상대방은 나와 다를 수 있음을 인정하고 받아들이려고 노력했다. 처음에는 어렵다고 하던 시은 씨였지만 훈련을 꾸준히 하면서 마음의 근육을 길러나갔다. 그러자 다른 사람들과 적당하고 편안한 관계를 맺으면서 상처받는 횟수나 강도를 낮춰나갈 수 있게 되었다.

그림책 심리처방전

하나 상대방이 마음에 상처를 주는 말이나 행동을 했을 때, 그 의도를 혼자 짐작하지 말고 무슨 생각으로 그런 말이나 행동을 했는지 직접 물어보며 확인해보세요. 상대방의 의도가 자신의 생각과 다르다는 것을 알게 되면 덜 상처받게 될 거예요.

둘 상대방의 감정이 상하지 않도록 명령하는 말 대신 부탁하는 말을 사용해 긍정적인 감정이 생기도록 말하는 습관을 바꾸어보세요. 명령하는 말을 들으면 거부하고 싶은데, 부탁하는 말을 들으니 마음이 너그러워지면서 들어주고 싶은 생각이 든다고 상대방에게 자신의 마음도 표현해주세요.

2

두 번째 상담

아이에게 한없이 부족한 엄마 같아 미안해요

부족함 대신 잘하는 것에 집중하기

《고릴라》

앤서니 브라운 글·그림, 장은수 옮김, 비룡소, 1998

나는 어렸을 때부터 책을 좋아했다. 그래서인지 지금까지 책을 중심으로 이런저런 일을 하며 살아가고 있다. 《고릴라》의 주인공 한나는 고릴라를 좋아한다. 고릴라가 나오는 책을 읽고, 고릴라가 나오는 비디오를 보는 것은 물론 그림을 그릴 때도 고릴라를 그렸다. 나와 다른 점이 있다면 나는 늘 책에 둘러싸여 있고 마음만 먹으면 언제든지 책을 접할 수 있지만, 한나는 자기가 좋아하는 고릴라를 맘대로 볼 수 없다. 게다가 지금까지 진짜 고릴라를 한 번도 본 적이 없다. 아빠와 함께 동물원에 가서 고릴라를 볼 수 있기를 바라고 또 바랐지만, 한나의 소원은 도무지 이루어질 기미가 없다.

내가 책을 좋아해서인지 모르겠지만 아이들도 나처럼 책을 좋아하는 사람으로 자랐으면 좋겠다는 바람이 있었다. 그래서 아이들이 어렸을 때부터 함께 책을 읽으면서 책 속에 나오는 동물들을 색종이로 접거나 재활용품을 활용해 이것저것 만들어보곤 했다. 또 주인공에 관한 생각이나 느낌을 나누기도 하고, 작가에게 편지도 써보고, 자신만의 상상력을 마음껏 펼치면서 내용도 각색해보고, 뒷이야기도 만들어보곤 했다. 단순히 아이들과 재미있게 놀기 위해 시작한 일이었지만, 시간이 지날수록 더 제대로 해보고 싶다는 욕심이 생겼다. 이왕 하는 거 제대로 배워서 해보자는 생각이 들었다. 그래서 효과적인 독서 지도법을 배우고, 독서 논술은 물론 역사 논술 지도자 과정을 밟았다. 독서 캠프에 이어 읽기 코칭, 디베이트 지도, 그림책 지도, 독서 심리상담 등 끊임없이 공부하게 되었다.

배우는 자체가 재미있어서 열심히 했던 경험들이 시간이 지나면서 일로 전환되기 시작했다. 어떻게 하면 아이들이 좀 더 재미있게 책을 읽고, 자기 생각을 효과적으로 표현하면서 조금씩 성장하고 발전해나갈 수 있을까 고민하다 보니 나만의 수업 비법이 생기고 조금씩 바빠지기 시작했다. 집에서 우리 아이들만 가르치던 것이 지인들의 아이들과 함께 수업하게 되고, 나중엔 도서관이나 복지관에서 지역 아동을 대상으로 가르치게 되었다. 그러다 보니 학부모들을 대상으로 강의도 하게 되었다. 늘 바쁜 한나 아빠처럼 하루하루가 바빠졌다. 한나가 학교에 가기도 전에 출근하고 퇴근해서도 일하느라 등만 보인 채로 “바쁘니까 나중에”라고 하거나 “내일 이야기하자”라고 말하는 한나 아빠처럼 아이들이 뒷전으로 자꾸만 밀려났다. 주말엔 함께 시간을 보내자고 말했지만 정작 주말이 되면 피곤해서 아무것도 함께할 수 없었고 아이들에게 자꾸만 거짓말쟁이가 되어갔다. 그렇게 점점 바빠지면서 가끔 회의가 들었다. 분명 시작은 우리 아이들을 위한 일이었는데 어느 날 문득 돌아보니 우리 아이들은 뒷전으로 밀려나 있었다. 이게 뭐 하는 일인가 싶어 혼란스럽기도 했다. 바쁘다는 이유로 아이들이 원하는 것을 못 본 척하고 있다는 생각이 들어서 미안했고, 피곤하다는 이유로 아이들이 진짜 필요로 하는 것, 아이들에게 중요한 것을 놓치고 있는 자신이 한심해서 마음이 아팠다.

한나는 아빠에게 실망했을 텐데도 겉으로 표현하지 않았다. 한나는 아빠를 조르는 대신 언제나 혼자 놀면서 생일에는 고릴라를 보러 동물원에 갔으면 좋겠단 생각을 했다. 하지만 어차피 말해봐야 소용없다고 생각해서인지 한나는 아빠에게 말하지 않았다. 그러다가 생일이 가까워지자 한나는 아주 조심스럽게 생일선물로 고릴라 한 마리를 갖고 싶다고 말한다. 이런 한나를 보면서 늘 바쁜 엄마를 보는 우리 아이들도 하고 싶은 것이나 갖고 싶은 것을 참는 것은 아닌지 걱정되었다. 아이들을 위해 시작한 일이 아이들을 외면하거나 힘들게 하는 것으로 변해버린 것은 아닌지 의문스러웠다.

한나의 생일날 아빠는 한나의 침대에 고릴라 인형을 몰래 가져다 놓는 것으로 미안한 마음을 대신 표현했다. 그렇지만 한나는 진짜 고릴라를 보고 싶다는 생각을 넘어 진짜 고릴라를 갖고 싶었기에 고릴라 인형이 그다지 반갑지 않았다. 한나는 고릴라 인형을 방 한 구석에 밀쳐두고 잠자리에 들었다. 나 또한 한나 아빠처럼 아이들이 잠든 모습을 보면서 오늘은 속상한 마음으로 잠들진 않았을까 미안해했다. 바쁘다는 핑계로 아이들이 부탁하는 것을 미루거나 거절한 일이 떠올라 속상했다. 안쓰러운 마음으로 잠든 아이들 얼굴을 쓰다듬거나 이불을 여며주곤 했다.

한나가 잠을 자는 동안 엄청나게 놀라운 일이 생겼다. 고릴라 인형이 점점 커지더니 아빠만큼 커져버린 것이다. 커다란 고릴라는 아빠 옷을 입고, 아빠의 모자를 쓰고, 아빠의 나비넥타이까지 매고선 한나를 데리고 동물원으로 갔다. 걸어서 간 것이 아니라 한나를 안고 나무를 타면서 갔다. 동물원 문이 닫혀 있자 고릴라는 한나를 등에 업고 담을 넘어 들어가 침팬지는 물론 오랑우탄에 원숭이까지 실컷 보여주었다. 함께 영화도 보고, 맛있는 것도 먹고, 잔디밭에서 신나게 춤추는 등 한나가 하고 싶었던 것을 모두 해주었다. 다음 날 아침 한나는 깨자마자 아빠에게 달려갔는데, 아빠는 놀랍게도 동물원에 가자고 말한다. 한나 아빠가 어렵게 시간을 내어 한나와 함께 동물원에 간 것처럼 나도 쉬는 날이면 아이들에게 못 해준 것을 보상

해주려고 애썼다. 아이들이 평상시 이야기했던 것들을 잘 기억해두었다가 들어주려고 노력했다. 아이들에게는 함께 보내는 시간의 양보다 함께 보내는 시간의 질이 더 중요하다고 생각하며 미안한 마음을 보충하려 애썼다. 좋아하는 간식도 직접 만들어주고 함께 놀아주거나 김밥을 싸서 나들이를 가기도 하면서.

흔히 '엄마는 이래야 해, 부모라면 당연히 이래야지' 하는 이상적인 부모상을 가지고 있다. 그렇게 하지 못하면 죄책감을 느끼고 스스로를 비난하거나 질책하곤 한다. 자기는 좋은 엄마가 아니다, 엄마가 하면 안 되는 행동을 했다는 생각에 자괴감을 느끼곤 한다. 하지만 세상에 완벽한 엄마는 없다. 아니, 있을 수가 없다.

영국의 소아과 의사이자 정신분석학자인 도널드 위니컷(Donald Winnicott)은 안정적인 애착 관계를 형성하는 데 필요한 부모는 "충분히 좋은 엄마", 즉 "그 정도면 충분하다. 웬만큼 하면 된다"라고 말했다. 정신과 의사이자 심리분석가인 마가렛 말러(Margaret Mahler) 역시 아이는 만 세 살이 지나면 자신의 엄마를 보면서 '가끔 실망스러울 때도 있지만 우리 엄마는 전반적으로 좋은 사람이야'라는 사실을 받아들일 수 있는 능력이 생긴다고 했다. 그러니 이상적인 엄마의 기준을 낮추고 엄마 역할을 하는 자기 모습 사이에서 발생하는 괴리감을 좁힐 필요가 있다. 부족한 점을 지나치게 의식하다 보면 지금까지 잘하고 있었던 긍정적인 부분까지 놓칠 가능성이 크다. 그러니 자신의 잘못이나 실수를 떠올리며 스스로 자책하기보다 그런 실수를 반복하지 않는 방법을 찾으며 조금씩 보완해나가도록 노력하는 것이 좋다. “훌륭한 엄마와 그렇지 않은 엄마는 자신의 실수를 어떻게 처리하느냐에 따라 다르게 인식된다”라고 주장한 위니컷의 말처럼.

그림책 심리처방전

하나 오늘 하루, 아이에게 또는 가족에게 잘한 것을 떠올리며 스스로 칭찬해주세요. 부족하고 아쉬운 것보다 내가 잘하는 것, 잘할 수 있는 것에 집중하며 그걸 더 잘하도록 해요.

둘 아이나 가족에게 고맙다고 생각되는 것 또는 잘하고 있는 것에 대해 속마음을 표현해보세요. 말로 하기 쑥스러우면 쪽지나 메시지로 세상에서 가장 고맙고 소중한 존재임을 전해보세요.

3

세 번째 상담

더, 더, 더
잘하고 싶어요

천천히 조금씩 도전하기

《난 황금 알을 낳을 거야!》

한나 요한젠 글, 케티 벤트 그림, 이진영 옮김, 문학동네, 1999

오디션 프로그램을 볼 때마다 놀라곤 한다. 저 사람들이 저 자리에 서기까지 얼마나 많은 실패와 시련을 겪었을까 생각하면 그들이 대단해 보여 가끔 울컥하기도 한다. 또 한편으로는 수많은 어려움을 겪는 동안에도 포기할 수 없어서 끝까지 도전하게 만드는 그들의 열정이 부럽고, 그 열정 속에 담긴 염원이 얼마나 간절한가를 짐작하면 안쓰러웠다. 그래서 매번 모든 출연자에게 진심이 담긴 응원을 하며 함께 기뻐하고 함께 슬퍼한다. 그러면서 오디션 출연자의 모습에 나 자신을 비춰보며 스스로 물어보곤 한다. 나에게도 저들처럼 간절히 이루고 싶은 꿈과 목표가 있는지, 그 꿈을 향한 나의 열정은 얼마나 뜨거운지, 그 목표를 이루기 위해 얼마나 노력하며 살고 있는지.

돌이켜 보면 40대까지는 나도 저들처럼 열심히 달렸던 것 같다. 죽는 줄도 모르고 불만 보면 죽을 둥 살 둥 달려드는 불나방처럼. 하고 싶은 일이나 목표가 있으면 무조건 달려들곤 했다. 하루 열대여섯 시간씩 일하느라 서너 시간 쪽잠을 자면서도 일하는 게 재미있어서 몸 사리지 않고 일하고 공부했다. 덕분에 많은 것을 경험할 수 있었고, 다양한 사람을 만날 수 있었다. 하지만 50대로 접어들면서 '조금 천천히 달렸어도 괜찮지 않았을까?' 하는 생각이 든다. 《난 황금 알을 낳을 거야!》의 주인공처럼 이상적인 목표를 조금 낮췄더라면 어땠을까 생각해본다.

《난 황금 알을 낳을 거야!》의 주인공은 키가 작은 꼬마 닭이다. 3,333마리나 되는 닭들이 모여 사는 어느 시골 농장의 비좁고 불결한 닭장에서 산다. 꼬마 닭은 빨리 자라 알을 낳고 싶어 한다. 이 담에 크면 자기는 황금 알을 낳겠다고 말하지만 다른 큰 닭들은 이 꼬마 닭을 비웃는다. 큰 닭이 꼬마 닭을 비웃는 것처럼은 아니지만, 큰 욕심이 없는 남편과 대체로 느긋한 딸은 늘 분주하게 사는 나에게 "왜 그렇게 자기를 못살게 굴어? 좀 쉽고 편안하게 살아도 되는데, 도대체 왜 그렇게 살아?"라고 묻곤 한다. 나 스스로 생각해도 늘 무엇인가에 도전하고 새로운 시도를 하며 많은 것을 성취해내려 애쓰는 나에게 "정말 병이다, 병" 하고 혀를 찰 때가 있다.

그래도 나는 늘 꿈꾸고, 그 꿈 너머의 꿈에 도전하려 애쓴다. 꼬마 닭이 주변 닭들의 비웃음에 굴하지 않고 계속해서 자신의 목표를 달성하기 위해 노력한 것처럼. 조금씩 성장하고 발전해나가는 내가 좋고, 식지 않는 내 열정이 좋기 때문이다. 꼬마 닭도 나와 비슷한지 황금 알을 낳는 것과 직접적인 연관성이 없는 것 같은 일을 계속해서 시도한다. 노래 부르는 연습을 하겠다며 닭장 안을 돌아다니다가 담벼락 아래를 부리로 쪼아 구멍을 파고, 수영을 배우겠다며 물속에 발을 담가본다. 담벼락의 구멍이 커져서 닭장 밖으로 나갈 수 있게 되자 꼬마 닭은 밀밭이란 새로운 세계로 달려 나갔다. 꼬마 닭은 닭장과 많은 것이 다른 밀밭에서 새로운 경험을 하며 마음껏 뛰어놀다가 해 질 무렵 닭장으로 돌아왔다. 매일매일 구멍을 파서 닭장 밖으로 나간 꼬마 닭 덕분에 다른 닭들도 닭장을 빠져나갈 수 있었다. 비록 주인에게 들켜 닭장으로 다시 잡혀 왔지만 말이다.

닭장에 다시 갇히게 되었지만 꼬마 닭은 포기하지 않았다. 절망하지 않고 또다시 헤엄치는 것을 배우려고 노력했고, 나는 것을 연습하면서 끊임없이 바깥세상으로의 탈주를 시도했다. 또다시 주인에게 잡혀 닭장 속에 갇히게 되었지만 꼬마 닭은 계속 꿈을 꾸며 끊임없이 새로운 시도를 한다. 나도 꼬마 닭처럼 새로운 분야를 계속 기웃거리며 나한테 잘 맞는 것이 무엇일까 끊임없이 탐색하고 시도하며 공부했다. 미술 치료를 배우고, 독서 치료를 공부하고, 글쓰기

치료를 연습하고, 개인 상담을 시도하고, 부부 상담 수련을 받고, 집단 상담을 운영했다. 도전을 거듭하던 꼬마 닭은 결국 농장 주인을 굴복시키고, 다른 큰 닭들까지 답답한 닭장에서 벗어나 따사로운 햇볕이 내리비치는 들판에서 자유롭게 뛰어놀 수 있게 만들었다.

그러는 사이 꼬마 닭은 큰 닭들만큼 자라서 난생처음으로 알을 낳게 되었다. 그동안 비웃기만 하던 큰 닭들은 꼬마 닭이 알을 낳을 때 정말 황금 알을 낳는지 보기 위해 삼삼오오 모여들었다. 꼬마 닭이 낳은 첫 알은 아름답고 매끈하고 둥글고 선명했다. 그러나 황금 알이 아니라 작은 갈색 알이었다. 큰 닭들은 실망해서 꼬마 닭에게 그동안 쓸데없는 짓을 했다고 구박했다. 사람들은 내가 박사학위 논문을 통과하고 졸업했을 때 관심을 보였지만 박사 졸업해도 별반 달라진 것이 없다고 말했다. 그 말에 나는 의기소침해져서 우울해 했지만, 꼬마 닭은 달랐다. 의기양양한 표정으로 "정말 믿고 있었군요. 내가 황금 알을 낳을 거라고 말이에요"라고 모두에게 말했다.

남들이 하는 말에 상처를 받거나, 원하는 일이나 목표를 달성하지 못했을 때 실망할 필요는 없다. 실패했더라도 다시 도전하면 된다. 남들과 비교하지 말고, 다른 사람의 평가나 시선에 신경 쓰지 말고 나에게 집중해야 한다. 임상 심리학자이자 저널치료사인 베스 제이콥스(Beth Jacobs)는 고통과 상처에서 벗어나 원래 자리로 돌아오는 것을 '회복'이라 정의했다. 그리고 실패나 좌절로 인해 정서적으로 압도당한 경험은 완전하게 멈출 수 없기 때문에 새롭게 도약하기 위해서는 자신의 경험을 재편성하는 기술이 필요하다고 주장했다.

경험 재편성 기술을 연마하기 위해선 우선 실패의 경험이나 고통스러운 상황을 부정하고 탓하기만 할 것이 아니라 객관적으로 바라보며 있는 그대로를 인정하고 수용해야 한다. 그렇게 자기 자신을 진정시킨 다음 실패 과정을 되돌아보면서 무엇이 잘못되었는지 점검하며 있는 그대로 인식해야 한다. 그런 다음 지금까지와 다른 관점에서 바라보며 현재 자신의 삶에 어떻게 적용시킬 것인지 고민하고 대책을 세워야 한다. 자신이 처한 상황에서 감당하기 힘든 것을 억지로 바꾸려 애쓰는 대신 과감하게 포기하거나 없는 셈 치며 무시하는 등 '지금 여기에서' 할 수 있는 일을 꼼꼼히 따져보고 이를 어떻게 실행할지 확고하게 준비해야 한다.

꼬마 닭은 다른 닭들의 비웃음에 아랑곳하지 않았다. 무조건 최고가 되려 하기보다 자신의 입장과 자기가 할 수 있는 범위 내에서 최선을 다했다. 실패를 해도 굴하지 않고 자신의 한계를 인정하며 받아들이며, 계속 도전한 결과 자기 속도대로 성장해나갔다. 꼬마 닭이 그랬듯이 자신이 할 수 있는 만큼 조금씩 준비하면 된다. 한꺼번에 완벽하게 하려고 서두르지 말고 천천히 해나가되, 날마다 꾸준히 최선을 다하는 것에 초점을 맞춰야 한다.

그림책 심리처방전

하나 정말 최선을 다했지만, 원하는 결과가 나오지 않았을 때 어떤 식으로 대처했는지 떠올려보세요. 그때 나의 노력과 능력의 한계를 인정했다면 어떤 일이 생겼을까요?

둘 나의 한계를 뛰어넘는 기준을 세워놓고 안간힘을 쓰던 때 나의 마음 상태는 어떠했으며, 결과는 어떠했나요? 다시 그런 상황을 마주한다면 어떻게 하면 좋을까요? 단계를 나누어서 조금씩 도전했다면 어떻게 되었을지 생각해보세요.

4

네 번째 상담

나의 비밀을 들킬까 봐 불안해요

숨기고 싶은 비밀 드러내기

《내 꼬리》

조수경 글·그림, 한솔수북, 2008

대학 졸업반인 나래 씨가 상담실 문을 열고 들어왔을 때 참 예쁘다고 생각했다. 젊음이 주는 풋풋함과 생기발랄함이 더해져 나래 씨의 하얀 얼굴이 더욱 화사해 보였다. 상담을 하면서도 나래 씨는 적절한 목소리 크기로 자기 이야기를 하되, 너무 빠르지도 너무 느리지도 않은 적당한 속도로 잘 말했다. 내가 묻는 질문에도 답을 잘할 뿐만 아니라 질문의 요지도 잘 이해했다. 상담 관련 학과에 다니고 있어서 그런지 경청도 잘하고 의사 표현도 잘했다. 이미 여러 차례의 상담 경험 덕분에 자기 탐색은 물론, 알아차림 또한 잘했다. 완벽하게 준비된 내담자여서 더 상담할 내용이 있을까 싶을 정도로 자기 자신에 대해서 잘 알고 있었다.

그런데도 상담을 또 하겠다고 하는 이유가 궁금했다. 나래 씨는 상담 신청 이유로 진로에 관한 불안을 이야기했다. 충분히 그럴 수 있다. 4학년이니 졸업 후 진로 고민이 어찌 없겠는가. 그동안 어깨 너머로 상담사가 얼마나 많이 공부해야 하는지, 그에 비해 버는 돈은 얼마나 적은지 봐왔을 테니 충분히 불안할 수 있었다. 하지만 접수 상담하는 동안 그녀에게 다른 문제가 있을 것 같은 예감이 들었다. 나래 씨는 언뜻 듣기에 이상한 이야기를 했는데, 그 말인즉 언제 어디를 가든 24시간 내내 자신을 따라다니는 관찰카메라가 한 대 있는 것 같아 몹시 신경 쓰인다는 것이었다. 다른 사람들도 이런 고민을 할까 궁금하다는 나래 씨를 보면서 그가 겪는 진짜 어려움은 진로 불안이 아닐 수도 있겠단 생각을 했다.

나래 씨는 진로에 대한 고민을 이야기했지만, 이미 진로 적성 검사를 통해 상담사란 직업이 자신의 적성과 잘 어울린다는 걸 확인했다. 상담사가 되고 싶다는 본인의 생각 또한 뚜렷해 대학원 진학과 자격증 취득 사이에서 갈등하고 있는 상태였다. 물론 이런 고민도 당사자에겐 결코 가벼운 고민이 아니지만, 관찰카메라가 따라다니면서 24시간 내내 일거수일투족을 지켜볼 정도의 불안을 느끼게 할 것 같지는 않았다. 나래 씨 역시 그렇다고 답했다. 그렇다면 무엇이 나래 씨를 괴롭히는지 물었더니, 그때서야 비로소 언니에 대해 조심스럽게 말문을 열었다.

나래 씨가 초등학생일 때 엄마 아빠는 언니가 갑자기 유학을 가서 이제 볼 수 없다고 말했다. 이해가 되지 않았지만 나래 씨는 누구에게도 언니 이야기를 할 수 없었다. 엄마 아빠는 집 안에서든 집 밖에서든 언니에 대해 한 번도 언급하지 않았기 때문에 언니 이야기를 꺼낼 수가 없었다. 그러다가 친척들이 하는 이야기를 들으면서 어렴풋이 언니의 죽음에 대해 알게 되었는데, 언니가 스스로 세상을 떠났다는 사실이 믿기지 않았다. 엄마 아빠는 나래 씨가 언니의 죽음에 대해 언급할라치면 은연중에 눈치를 주었다. 비밀인 양 숨기길 바랐다. 만약 이 사실이 다른 사람들에게 알려지면 큰일이라도 일어날 것처럼 입을 다물었다.

《내 꼬리》의 주인공 지호는 잠자기 전까지만 해도 없었던 꼬리가 밤사이 생겼다는 사실을 알게 되면서 깜짝 놀랐다. 지호는 친구들이 놀릴까 봐 아빠 옷으로 꼬리를 가려보기도 하고, 바지 속으로 쑤셔 넣듯이 숨겨보기도 했다. 지호가 007작전을 펼치듯 사람들이 잘 다니지 않는 길을 찾아서 조심조심 학교에 가듯 나래 씨도 숨길 수 있으면 언니의 죽음을 숨기려고 노력했다. 하지만 조심조심 학교에 가는 지호는 또다른 문제에 부딪히게 된다. 바로 지호가 만나는 모든 대상들, 즉 집과 대문, 전봇대, 심지어는 동네를 어슬렁거리는 도둑고양이조차 자기를 놀리는 것처럼 느껴졌다. 지호가 자신의 꼬리에 대해 걱정하면 할수록 지호의 꼬리는 마음과 달리 점점 자라

났다. 나래 씨 역시 언니의 죽음을 알고 숨기려고 한 이후부터 사람들을 대할 때마다 자꾸 움츠러들었고, 실수를 하게 되었다. 그러면서 슬픔이 점점 커졌고, 죽음에 대한 두려움까지 의식되기 시작했다. 점점 사람들을 만나 자연스럽게 대화를 하는 게 어렵고 꺼리게 되었다.

지호가 학교 앞에 도착했을 때 꼬리는 이미 지호보다 더 커져버렸다. 지호가 교문 안으로 들어갈까 말까 망설이고 있는 그 순간, 짝꿍 민희를 만나게 되었다. 깜짝 놀란 지호가 조마조마한 마음으로 민희를 쳐다보는데, 민희 얼굴에는 수염이 나 있는 것을 보게 된다. 그 순간 지호는 안도의 한숨을 내쉬고, 용기를 내어 민희와 함께 교실 문을 열었다. 반 아이들의 반응을 걱정하며 조마조마한 심정으로 교실에 들어선 순간, 지호는 수염 난 짝꿍 민희는 물론 코끼리 코를 가진 친구, 머리에 사슴뿔이 난 친구, 매미 날개를 단 친구, 오리발을 한 친구, 꽃게 집게발을 가진 친구 등등 친구들이 어디 한 군데씩 이상하다는 것을 알게 되면서 하늘을 날아갈 것같이 마음이 가벼워졌다.

나래 씨가 언니의 죽음에 관한 이야기를 하던 날, 나래 씨는 한참 뜸을 들이다가 어렵게 이야기를 꺼냈다. 그러더니 어느 순간 펑펑 울기 시작했다. 마음속에 쌓인 게 많았을 것 같아서 우는 나래 씨를 가만히 지켜보았다. 어깨까지 들썩이며 울던 나래 씨는 울음이 잦아들었을 때, 행여나 언니의 죽음의 이유가 다른 사람들에게 알려질까 봐 늘 노심초사하던 자신을 떠올렸다. 그리고 언니의 죽음을 숨기기 위해 부모 역할을 대신하는 '관찰카메라'를 나래 씨 스스로 만들어냈다는 것을 알아차렸다. 언니의 죽음에 관해 말하지 못하게 하는 부모를 대신해 무형의 관찰카메라를 만들어 자신이 어쩌다 실수로라도 언니 이야기를 꺼내지 못하게 조심시키고 있었던 사실을 깨닫게 되자 나래 씨는 다시 울음을 터뜨렸다. 그러면서 언제 어디든 따라다니면서 자신의 일거수일투족을 점검할 만큼 억압된 채로 살아온 자신의 고달픔을 위로해주었다. 그런 다음 언니의 죽음이 감추어야만 하는 부끄러운 비밀이 아닌 소중한 기억이며, 언니는 언제나 자기 마음속에서 존재한다는 것을 스스로에게 말해주었다. 나래 씨는 점차 스스로를 옭아매고 있던 긴장과 불안으로부터 해방되면서 자유로울 수 있게 되었다.

심리학자 칼 구스타프 융(Carl Gustav Jung)은 "무의식을 의식화하지 않으면 무의식이 우리 삶의 방향을 결정하는데, 사람들은 이를 두고 '운명'이라고 한다"라고 말했다. 자신의 감정을 알아차리고 느끼지 않으면서 무의식에 억압된 형태로 남겨두면 우리의 의식은 의식화되지 않는다. 그렇게 되면 억압된 감정이 자신도 모르는 사이 우리의 삶 속에 부정적인 체험을 불러와 삶의 방향을 마음대로 결정한다는 이야기다. 일반적으로 우리가 일상생활 속에서 경험하는 여러 사건은 우리의 내면 깊은 곳에 자리 잡고 있는 여러 감정과 대응된다. 우리는 흔히 부정적인 감정을 느끼면 이를 빨리 덮어버리려 하거나 외면하는 식으로 회피한다. 그 결과 우리의 무의식 속에서 부정적인 감정들이 억압되어 차곡차곡 쌓이게 된다. 이렇게 온전히 느끼고 해소하지 않은 감정들, 즉 억압된 감정들은 점점 더 커지면서 자신의 존재를 어떤 방식으로든 알리려고 한다. 그래서 부정적 감정이 억압되어 쌓이면 쌓일수록 부정적인 사건을 많이 경험하게 되는 것이다.

우리는 부정적인 감정을 회피하지 말고 온전히 느끼면서 그때그때 해소해야 한다. 이미 느끼고 있는 감정을 억지로 바꾸려 하거나 멈추려 하는 것은 그 감정의 존재를 인정하지 않거나 허용하지 않으려는 것이다. 이럴 때 부작용이 발생한다. 불가능한 것에 매달리기 때문에 힘들어진다. 그러므로 자신의 감정 상태를 알아차리고 이를 있는 그대로 인정하고 수용하는 것이 좋다. 감정을 알아차리고 자신의 상태를 인정하는 것만으로도 불필요한 힘을 쓰지 않게 되면서 마음이 차분해지고, 안정되고, 여유가 생긴다. 자신의 감정을 솔직하게 느낄 수 있도록 '기꺼이 느껴주기', '기꺼이 경험해주기'를 할 때 비로소 현명하게 대처를 할 수 있다.

그림책 심리처방전

하나 남들에게 보여주고 싶지 않은 나의 부족한 점은 무엇인가요? 나의 모자라는 면을 다른 사람들에게 보여주면 어떤 일이 생길 것 같은지 이야기해보세요.

둘 들키고 싶지 않은 콤플렉스라고만 생각했는데 도움이 되었던 경험은 없었는지 생각해보세요.

5

다섯 번째 상담

제 사랑 방식이 틀렸다고요?

한계를 설정하고 제한하기

《아낌없이 주는 나무》

쉘 실버스타인 글·그림, 이재명 옮김, 시공주니어, 2000

대학생인 딸 해솔이가 혼자 집에서 라면을 끓여 먹었다고 감격한 엄마 지영 씨. 해솔이는 지영 씨가 결혼 4년 만에 여러 번의 시험관 시술로 어렵게 얻은 외동딸이다. 그래서 지영 씨는 해솔이가 어렸을 때부터 무엇이든 최고로 해주고 싶었다. 《아낌없이 주는 나무》처럼 딸 해솔이를 위해 모든 것을 다 해주려 애썼다.

아낌없이 주는 나무에게는 사랑하는 소년이 한 명 있었다. 그 소년은 날마다 나무에게 와서 나뭇잎을 가지고 놀거나 나무줄기를 타고 올라가 놀곤 했다. 사과 열매를 따 먹기도 하고 피곤할 땐 나무 그늘에서 낮잠을 잤다. 소년은 늘 함께할 수 있는 나무를 무척 사랑했고 나무 또한 소년과 함께할 수 있어서 행복했다. 지영 씨는 해솔이가 너무 사랑스러워 모든 것이 다 즐거움이었고 행복 그 자체였다. 지영 씨는 해솔이를 남 부럽지 않은 것을 넘어서 무엇 하나 부족한 것 없이 키우고 싶었기 때문에 하나에서 열까지 신경 쓰지 않은 게 없었다. 불면 날아갈까 봐 노심초사하며 애지중지 키웠다. 지영 씨는 외출했다가도 식사 시간만 되면 해솔이 식사를 챙기기 위해 서둘러 귀가하곤 했다. 반찬도 한입 크기로 잘라주면서 해솔이가 먹기 불편함 없이 세심하게 챙겨주고, 밥을 다 먹으면 과일을 깎아 방으로 가져다주었다. 지영 씨가 방 청소까지 알아서 다 해주기 때문에 해솔이는 집에서 손가락 하나 까딱하지 않아도 되었다.

시간이 흘러 아낌없이 주는 나무는 그 자리에 그대로 있었지만, 소년은 점점 자랐다. 소년은 나무와 함께할 시간이 점점 없어졌고, 어쩌다 찾아오게 되었다. 나무는 그런 소년을 보며 옛날처럼 함께 놀자고 했으나 소년은 그럴 수 없다며 자신은 돈이 필요하다고 말했다. 돈을 줄 수 없는 나무는 기꺼이 자신이 가지고 있던 사과를 내주었고, 소년은 사과를 가지고 떠났다. 소년은 사과를 팔았고 나무는 소년에게 필요한 돈을 마련해줄 수 있어서 행복했다. 떠난 소년이 오랫동안 돌아오지 않자 나무는 슬퍼졌다. 세월이 흘러 성인이 된 소년이 돌아왔을 때, 나무는 몹시 기뻐하며 소년을 반겼다. 나무는 여전히 소년과 함께 시간을 보내고 싶었지만, 이번에도 소년은 함께 놀 만큼 한가롭지 않다면서 자신에게는 필요한 것들이 많다고 투덜거렸다. 나무는 소년의 행복을 위해 기꺼이 자신의 나뭇가지들을 내어주었다. 그러자 소년은 나무가 주는 나뭇가지들을 베어서 집을 지으러 갔다. 다시 나무는 혼자가 되었지만 그래도 행복했다.

해솔이가 대학생이 되었을 때도 지영 씨는 여전히 해솔이를 위해 많은 것들을 해주었다. 해솔이 또래 친구들은 학교 다니며 틈틈이 아르바이트해서 용돈은 물론 공부하는 데 필요한 경비까지 척척 마련했지만, 지영 씨는 해솔이가 고생하는 게 싫어서 아르바이트 따위는 못 하게 했다. 용돈은 물론 해솔이가 영상 촬영을 할 때 필요한 스튜디오 대여비나 소품 비용 등 경비까지 모두 지원해주었다. 심지어 해솔이가 영상 편집 과제를 위해 촬영하러 가는 날에는 촬영장까지 데려다주었다. 어떤 날에는 촬영이 끝날 때까지 몇 시간이나 기다렸다가 다시 데리고 오는 수고까지 마다하지 않았다. 이런 엄마의 노고를 해솔이 역시 당연하게 생각하면서 엄마와 함께 움직이며 챙김을 받곤 했다. 아낌없이 주는 나무의 소년처럼 아무렇지도 않게.

나무는 오랜 세월이 지나 할아버지가 되어 돌아온 소년을 반겨주었다. 너무 기뻐서 말조차 제대로 하지 못하는 나무에게 소년은 너무 나이가 들어 비참하다며 배를 타고 멀리 떠나고 싶다고 말했다. 이번에도 나무는 소년에게 줄기를 베어서 배를 만들라고 하며 소년의 행복을 빌어주었다. 소년은 나무 줄기를 베어다가 배를 만들었고, 그 배를 타고 멀리 떠나버렸다. 나무는 행복하다고 했지만, 정말 그런 것은 아니었다. 오랜 세월이 지나 소년이 다시 돌아왔을 때 나무는 더 이상 소년에게 줄 것이 없다며 미안해했다. 무엇이라도 주고 싶지만, 아무것도 줄 수 없는 나무는 그저 늙어버린 나무 밑동만 남았다며 계속 미안해했다. 소년은 이제 자신도 더 이상 필요한 게 없다며 너무 피곤해서 그저 편히 쉴 곳이나 있었으면 좋겠다고 말했다. 그러자 나무는 안간힘을 다해 몸뚱이를 펴서는 늙은 나무 밑동에 앉아서 쉬기를 권했다. 마지막 남은 자기 몸뚱이에 앉아 쉬는 소년을 보면서 나무는 행복해했다.

자신이 가진 것을 아낌없이 내어준 나무처럼 지영 씨도 하나밖에 없는 딸 해솔이를 위해 많은 것을 아낌없이 주었다. 일상생활의 모든 기준을 아이에게 두었고, 생활 대부분을 아이를 위해 움직이며 희생했다. 아이의 욕구나 감정, 선호에 빠르게 반응하며 충족시켜주는 것이 아이를 위하는 거라 생각했다. 아이가 원하는 것은 무엇이든 들어주고, 아이가 필요로 하는 것을 부모가 알아서 척척 해주는 것이 제대로 된 양육이며 사랑이라고 생각했기 때문이다.

그러나 정신의학자이자 철학자인 에리히 프롬(Erich Fromm)은 "자녀들에게 전체적으로 희생적인 태도를 보이는 어머니는 이기적인 어머니와 비슷한 영향을 준다. 심지어는 더 좋지 않은 영향을 미칠 때도 많다"라고 말했다. 부모가 아이를 위해 일방적으로 희생하면서 과도하게 보살피는 양육 방식은 아이를 자기중심적인 사람으로 성장하게 만든다. 상대방의 수고나 희생을 당연하게 여기며, 고마움을 모르는 아이로 클 뿐 아니라 때로는 다른 사람에게도 자신이 원하는 것을 해달라고 강요하는 이기적인 사람이 되기 쉽다.

부모에게는 눈에 넣어도 아프지 않은 아이겠지만 때때로 참을 줄 알아야 한다. 지영 씨는 뒤늦게나마 이런 사실을 깨닫고 해솔이의 요구에 무조건 긍정적으로만 반응하지 않으려고 노력했다. 부모로서 해줄 수 있는 일과 해주기 어려운 일들을 구분하려고 애썼다. 전과 다른 반응을 보이는 엄마에 대해 해솔이는 한동안 불평불만을 마구 쏟아냈다. 힘들었지만 지영 씨는 그 시간을 상담받으며 묵묵히 견뎌냈고, 어느 정도의 시간이 지나자 해솔이 역시 자기 몫을 해내는 어른으로 성장해나갔다.

그림책 심리처방전

하나 부모에게 받고 싶었으나 받지 못해 아쉬웠던 것들을 떠올려보세요. 부모에게 느꼈던 부족함이 지금 나의 양육 방식에 어떤 영향을 미치고 있는지 되돌아보세요.

둘 부모는 아이에게 무엇을 어디까지 허용해줄 수 있나요? 수용할 수 없는 것은 무엇이며, 그렇게 생각하는 이유는 무엇인지 이야기해보세요.

6

여섯 번째 상담

우린 달라도
너무 달라요

차이를 인정하고 받아들이기

《두 사람》

이보나 흐미엘레프스카 글·그림, 이지원 옮김, 사계절, 2008

다은 씨와 헌재 씨는 올해 결혼 3년 차인 부부다. 다은 씨가 대학에 갓 입학했을 때 헌재 씨는 군 복무를 마치고 복학했다. 둘은 같은 동아리에서 활동하며 6년 사귀고 결혼했다. 다은 씨는 헌재 씨의 밝고 활동적인 모습이 진취적이어서 좋았고, 헌재 씨는 다은 씨의 차분하고 꼼꼼한 모습이 좋았다. 결혼을 결정할 때도 다은 씨는 헌재 씨가 남편으로서 듬직한 모습을 보여줄 것이라 생각했고, 헌재 씨 역시 다은 씨가 좋은 엄마가 될 것이란 믿음이 있었다. 그러나 막상 결혼해서 생활하다 보니 다은 씨는 헌재 씨가 친구들과 어울려 노는 것을 너무 좋아해서 불만이 쌓였다. 헌재 씨 역시 다은 씨가 집 안에서 지내는 것을 좋아해서 답답하게 느껴졌다. 이런 불만은 아이가 태어난 후 점점 더 심해져 말만 하면 큰 싸움으로 번졌다. 헌재 씨는 다은 씨에게 다정다감한 모습을 기대했으나 사사건건 간섭하며 하지 말라고만 한다고 느껴졌다. 다은 씨는 활동적인 헌재 씨가 크고 작은 일들을 도맡아 해결해주길 바랐는데 집안일은 나 몰라라 하며 친구들과 놀 궁리만 한다고 생각되었다. 각자 원하던 배우자 상을 상대방에게서 찾아볼 수 없다며 둘은 투덜거렸다.

《두 사람》의 첫 장면은 각각 반쪽만 있는 여자 옷과 남자 옷이 두 개의 단추로 여며져 한 벌을 이루고 있다. 그림의 배경에는 "두 사람이 함께 사는 것은 함께여서 더 쉽고 함께여서 더 어렵다"라는 문장이 적혀 있다. 마치 서로 다른 성격의 다은 씨와 헌재 씨가 만나 연애를 하다가 가정을 이룬 것처럼 남자 옷과 여자 옷이 단추로 여며지면서 한 벌의 옷을 이루고 있다. 다음 장에는 각기 모양과 색깔, 크기 등이 다른 열쇠와 자물쇠들이 등장한다. 세상 수많은 사람 가운데 이 둘이 만나서 서로에게 이끌렸듯이 "두 사람은 열쇠와 자물쇠 같아서 서로 꼭 들어맞는 한 쌍만이 서로의 마음에 열쇠와 자물쇠 구실을 할 수 있다"고 이야기한다. 얼핏 보기엔 오른쪽 자물쇠의 구멍으로 표현된 사람들의 모양은 똑같아 보이지만, 그 안에 있는 마음 모양의 회전 통은 손 모양인 왼쪽 열쇠들의 톱니 모양처럼 다 다르다. 딱 맞는 열쇠를 만날 때에야 비로소 자물쇠의 마음이 활짝 열리는데, 다은 씨와 헌재 씨는 기대와는 다른 상대의 모습을 뒤늦게 인식하면서 마음의 문이 조금씩 닫혀가고 있었다. 서로가 딱 맞는 열쇠와 자물쇠라고 생각했지만, 연애 감정이 사그라지면서 둘이 만나 하나가 된다는 환상은 무너졌다. 하지만 상담을 통해 연애 때의 착각에서 벗어나 상대방의 모습을 제대로 보기 시작했다. 고대 그리스 희극작가 아리스토파네스(Aristophanes)는 진짜 사랑은 도저히 받아들일 수 없는 상대의 방식을 받아들이고 그 차이를 인정하는 것부터 시작된다고 했다. 다은 씨와 헌재 씨 역시 상담을 통해 진짜 사랑을 하게 되는 계기를 마련했다. 서로의 차이를 인정하고 수용하는 연습 덕분에 둘은 조금 더 깊고 성숙한 사랑을 할 수 있게 되었다.

미국의 뇌신경과학자이자 인지심리학자인 로버트 스턴버그(Robert Sternberg)는 사랑의 삼각형 이론을 주장하며 사랑은 '열정, 친밀감, 헌신' 세 가지로 구성된다고 말했다. 그리고 이 세 영역에서 결함이나 문제가 생길 때 외도나 결별 같은 파괴 행위가 발생한다고 했다. 친밀함은 일체감과 달라서 상호이해와 차이의 존중을 토대로 발달하며, 상대가 나와 다른 존재라는 것을 인정하고 각자의 개별성을 존중하면 더욱 성숙해지고 깊어진다. 사랑할 때 흔히 상대방을 있는 그대로 사랑한다고 생각하지만, 사실 우리는 다은 씨와 헌재 씨처럼 자신이 이상화시켜 놓은 상대방을 사랑한다. 그래서 말하지 않아도 당연히 상대방이 자신과 비슷하게 생각하고, 자기 생각에 무조건 동의할 것이란 막연한 믿음이 있다. 사랑하는 사람이 자신의 인생을 좌지우지할 만큼 중요하기 때문에 자신의 바람에 따라 상대방을 왜곡시켜 바라보기 때문이다. 또 핑크 렌즈 효과 때문에 연애할 땐 상대방을 좋은 사람으로만 생각하면서 상대방의 단점도 좋게만 받아들인다. 하지만 아무리 좋아서 결혼해도 살다 보면 연애 감정이 점차 사라지기 마련이다. 그러면서 자연스럽게 상대방에 대한 환상이 깨지는 것을 깨닫게 된다. 이렇게 부부의 사랑이 부정되고 깨질 위험에 처할 때 우리는 서로의 다름을 인정하고 사랑의 불완전성을 받아들여야 한다. 그리고 둘의 사랑이 온전한 사랑으로 성장하고 발전하도록 노력해야 한다. 그 과정을 거치면서 부부 사이에 정이 쌓이고 애착이 생기면서 진짜 사랑을 할 수 있기 때문이다.

다은 씨와 헌재 씨 역시 심리검사를 통해 서로의 기질과 성격이 어떻게 다른지 알게 되면서 상대방을 더 잘 이해할 수 있게 되었다. 서로의 다름을 인정하고 받아들이면서 상대방을 더 수용하게 되었고, 조화를 이루기 위해 어떤 노력을 해야 하는지 알게 되었다. 이를 위해 두 사람은 자신이 원하는 사랑은 어떤 것인지, 상대방이 어떻게 할 때 사랑받는다고 느끼는지 등에 관해 구체적으로 이야기를 나누었다. 각자의 어린 시절을 탐색하면서 이상적인 배우자의 모습을 어떻게 갖게 되었는지 공유하고, 상대가 자신에게 무엇을 원하는지, 수용 가능한 것과 수용하기 어려운 것은 무엇인지 솔직하게 이야기를 나누면서 조율하려 애썼다. 이 과정에서 헌재 씨에게 집밥은 배

고픔을 해결하는 단순한 식사가 아니라 어릴 때 간절히 원했지만 쉽게 얻을 수 없었던 어머니의 사랑과 정성임을 알게 되었다. 그래서 다은 씨는 힘들지만 저녁 식사 준비에 조금 더 정성을 다했고, 과묵한 헌재 씨는 식사 시간에 자기 일과를 들려주려 애썼다. 다은 씨에게 정서적 교감을 나누는 것이 얼마나 중요한지 이해했기에 주말에는 드라이브나 요가를 하면서 함께하는 시간을 늘렸다.

그림책 심리처방전

하나 상대방과 정서적으로 연결돼 있다는 친밀감을 쌓기 위한 대화 시간이 얼마나 되는지 점검해보세요. 배우자나 가족과 함께 보내는 시간이 어느 정도인지, 그 시간 동안 무엇을 하는지 살펴보고 개선책을 마련해보세요.

둘 사랑을 지속하려면 상대가 싫어하는 것을 하지 않으려는 책임감 있는 행동과 상대의 단점이나 싫은 모습도 포용하려는 의지가 필요해요. 상대가 싫어하는 자신의 모습이나 행동을 어떻게 고칠지 고민해보세요.

7

일곱 번째 상담

무슨 일이 생기면 어떡하죠?

불안한 마음 다독이기

《겁쟁이 빌리》

앤서니 브라운 글·그림, 김경미 옮김, 비룡소, 2006

결혼한 지 3개월밖에 안 된 미영 씨는 남편이 한 달 동안 해외 출장을 간다고 하자 모든 것이 불안해졌다. 평소에도 미영 씨는 버스를 타고 가다가 사고가 나지 않을까, 길을 걸어가다가 싱크홀이 생기지 않을까, 퇴근하는 길에 교통사고가 나지는 않을까 하는 생각 때문에 종종 불안하곤 했다. 미영 씨는 이번에도 어김없이 이런저런 걱정을 하기 시작했다. 남편이 탄 비행기가 추락하면 어쩌나, 출장 기간에 남편이 현지 여자와 바람을 피우면 어떡하나, 혼자 지내는 동안 아프면 어떻게 해야 하나 따위의 걱정이 가득했다.

《겁쟁이 빌리》의 주인공 빌리 역시 미영 씨처럼 걱정이 많았다. 세상의 온갖 걱정을 다 하는 겁쟁이 빌리는 쓸데없는 걱정 때문에 잠도 제대로 못 잔다. 신발이 걸어서 창문으로 도망가면 어떻게 할까? 커다란 새가 날아와 자신을 잡아가면 어떻게 할까? 비가 많이 와서 집이 물바다로 변하면 어떻게 할까? 남들은 말도 안 된다고 코웃음을 칠지 모르지만, 빌리는 이런 것들이 너무 걱정되어 불안했다. 해외 출장을 가는 남편 때문에 몇 날 며칠 힘들어하는 미영 씨처럼.

결국 미영 씨는 출장 가는 남편을 따라 가기로 했다. 남편은 난감해했지만, 미영 씨는 낮에는 혼자 주변 관광을 하겠다고 말하며 신경 쓰지 말라고 말했다. 신혼이라 남편 역시 미영 씨와 오래 떨어져 있고 싶지 않았지만, 혼자 있을 아내가 신경 쓰여 일을 제대로 하지 못할 것 같았다. 생각했던 대로 일이 진행되지 않아 퇴근이 늦어질 수도 있고, 같이 출장 간 회사 동료들과 어울리다 보면 술자리에도 참석하는 등 생각하지 못한 일이 생길 수 있기 때문이다. 그런데 호텔에서 남편이 오기만을 손꼽아 기다리고 있을 아내를 생각하면 일에 집중하기 어려울 것 같다고, 미안하지만 집에서 기다려달라고 미영 씨에게 설득도 하고 부탁도 했다. 하지만 미영 씨의 불안을 잠재우는 데는 아무 소용이 없었다.

너무 걱정이 많아서 잠을 잘 수 없었던 빌리는 고민 끝에 엄마 아빠에게 도움을 청한다. 부모님은 빌리의 걱정을 대수롭지 않게 여겼고, 크면 저절로 나아진다고 말하면서 달랬다. 미영 씨 남편처럼 빌리의 엄마 아빠 역시 빌리가 쓸데없는 걱정을 한다고 생각했다. 그러던 어느 날 빌리는 할머니 집에 갔다. 그날도 빌리는 온갖 걱정 때문에 한숨도 잘 수 없었다. 빌리는 할머니에게 자기의 걱정을 털어놓았는데, 할머니는 그 이야기를 끝까지 진지하게 들어주었다. 온갖 걱정거리로 불안해하는 미영 씨 이야기에 귀 기울여주고 관심을 보여준 상담사처럼. 상담사가 미영 씨를 비판하거나 질책하지 않고, 불안한 마음을 그대로 인정하고 수용해준 것처럼 할머니는 빌리의 이야기를 들으면서 바보 같다거나 쓸데없다거나 말도 안 된다고 비난하지 않았다. 빌리가 하는 말들을 가만히 들어주었고, 충분히 그런 걱정을 할 수 있다고 공감해주었다.

그러면서 할머니는 어릴 때 자신의 경험을 들려주었다. 할머니 역시 어린 시절 빌리처럼 수많은 걱정으로 불안했던 마음이 있었다며, 방으로 들어가 어릴 때 만들었던 작은 걱정 인형들을 꺼내왔다. 할머니는 어린 손자 빌리에게 알록달록한 옷을 입은 걱정 인형을 건네주었다. 할머니의 위로와 지지 덕분에 빌리는 걱정 인형과 며칠 동안 편안하게 지낼 수 있었다. 미영 씨가 자신의 걱정과 불안한 마음을 상담실에서 나누면서 편안해진 것처럼.

어느 정도 마음이 편안해졌던 어느 날 빌리는 또다시 걱정하기 시작했다. 자신의 걱정거리를 떠안은 걱정 인형들이 자기처럼 불안해지고 힘들어지면 어떻게 하나 싶었다. 여러 방법을 고민하고 궁리하던 빌리는 자신의 걱정 인형들을 위해 또 다른 걱정 인형들을 만들어주었다. 빌리는 자신의 걱정을 걱정 인형들과 나누면서 이겨나갔다. 기쁨은 나누면 배가 되고 슬픔은 나누면 반이 되는 것처럼 빌리는 할머니에게 배운 방법대로 자신의 걱정과 불안을 걱정 인형과 나누고, 그 걱정 인형을 위한 또 다른 걱정 인형을 만들어주는 식으로 스스로 걱정과 불안을 다스리게 되었다. 미영 씨는 자신의 걱정거리를 지지하는 근거와 반대되는 근거를 찾아 논박하면서 스스로 합리적인 대처 방법을 찾아나갔다. 자기 생각에 인지적인 오류가 없는지 점검하면서 역기능적인 부분을 수정 보완해나갔다.

우리 주변을 둘러보면 미영 씨처럼 일어나지도 않은 일에 불안을 느끼며 걱정하는 사람들이 많다. 이들의 걱정은 대개 꼬리에 꼬리를 물고 일어나는 경향이 있어서 일상생활에 지장을 주거나 불편을 끼친다. 하지만 일반적으로 불안에서 비롯되는 걱정은 위험으로부터 우리 자신을 지켜주는, 꼭 필요한 감정이다. 차가 자신을 향해 달려오거나 커다란 물체가 떨어지는 것처럼 위험한 상황이 감지되면 우리는 자신도 모르게 위험에 대처할 준비를 한다.

인간 중심 상담의 창시자 칼 로저스(Carl Rogers)는 내담자의 자기 치유 능력에 관한 믿음을 바탕으로 상담해야 한다고 주장했다. 사람은 누구나 자신의 문제를 해결할 힘과 능력이 있다는 것이다. 겁쟁이 빌리가 비록 할머니의 도움을 받긴 했지만, 걱정 인형과 걱정을 나누면서 해결한 것처럼 불안을 해결할 수 있는 결정적인 열쇠는 우리 자신에게 있다. 그러니 걱정스러운 마음을 가라앉히고 걱정거리로부터 적절한 거리를 유지하면서 객관적으로 생각해볼 필요가 있다. 우선 자신이 언제 어떤 상황에서 불안을 느끼는지 곰곰이 살펴보고 불안을 느낄 때 자신의 몸과 마음은 어떻게 반응하는지를 보면서 불안과 적절한 거리를 유지하려고 노력하는 것이 좋다. 그럼에도 불구하고 불쑥불쑥 부정적인 생각들이 몰려온다면 '걱정 타임'을 따로 마련해보아도 좋다. 잠자기 전 시간을 피해 회사나 바쁜 일과가 끝나는 여유 있는 시간에 10분 정도를 할애해 다른 사람들의 방해를 받지 않는 조용한 곳에서 걱정거리에 대해서 집중적으로 생각하는 시간을 갖는 것이다. 걱정 타임이 아닌 때에 불안하거나 걱정이 된다면 "잠깐, 지금은 걱정 타임이 아니야. 걱정은 걱정 타임에 하고 지금은 멈추자"라고 자신에게 말한다. 걱정 타임이 끝나면 걱정거리들을 종이에 적어서 '감정 쓰레기통'에 버리고, 해결되지 않은 걱정은 내일의 걱정 타임으로 넘기는 것이 좋다.

그림책 심리처방전

하나 지금 내가 느끼는 불안이나 걱정거리가 실제로 일어날 확률은 어느 정도인지 객관적으로 따져보세요. 내가 생각한 것과 다르게 전개될 가능성은 없는지도 함께 따져보세요.

둘 마음이 불안해질 때 심호흡을 크게 세 번 정도 해보세요. 코로 5초 정도 숨을 천천히 들이마셨다가 2초 정도 멈춘 다음 입으로 5~7초 정도 천천히 숨을 내뱉어보세요. 그리고 스스로에게 "괜찮아, 문제없어. 난 충분히 잘 해결해낼 거야"라고 들려주세요.

8

여덟 번째 상담

아이가 나처럼 될까 봐 두려워요

문제의 실체 바라보기

《윌리와 구름 한 조각》

앤서니 브라운 글·그림, 조은수 옮김, 웅진주니어, 2016

이른 아침에 40대 중반의 보라 씨가 수심이 가득한 얼굴로 센터를 방문했다. 마주 앉은 보라 씨는 한참을 망설이다가 겨우 말문을 열었다. 맞잡은 손을 만지작거리던 보라 씨가 하는 이야기를 들어보니, 이제 막 초등학교 5학년이 된 아들 승권이가 학교에 가지 않겠다고 해서 걱정이 태산이라는 게 핵심이었다. 보라 씨는 승권이에게 왜 학교에 가고 싶지 않은지 물어봐도 대답을 하지 않는다고 한숨을 내쉬었다. 아이가 등교 거부를 하는데 이유조차 알 수 없으니, 엄마인 보라 씨는 뉴스에서나 볼 법한 나쁜 상상까지 한 모양이었다. 다행히도 승권이가 상담을 받겠다고 해 다음 상담부터 승권이를 직접 만날 수 있었다. 몇 번의 상담이 진행된 후 승권이는 함께 잘 지내던 아이들 무리에서 갑자기 갈등이 생겨 혼자가 되었고, 소외감을 느끼게 되어 학교 가기가 무서워졌다고 했다.

《윌리와 구름 한 조각》의 주인공 윌리는 작고 힘없는 침팬지다. 딱히 잘하는 것도 없고 소심하며 근사한 면이라곤 눈 씻고 봐도 찾을 수가 없다. 크고 힘이 센 고릴라 틈바구니에서 사는 윌리는 다른 고릴라로부터 놀림당하기 일쑤였다. 승권이도 또래 아이들보다 체구가 작고 소심하다. 하지만 밝고 명랑한 성격이어서 그동안 친구들과 문제없이 잘 지냈는데, 이번 일을 겪으면서 마음의 상처를 받았는지 아침마다 학교에 가려고 하면 머리가 아프고 배가 아팠다. 자기를 놀리거나 무시하는 친구들을 만나 이런저런 말을 들을 생각을 하니 학교 가는 게 겁났다.

윌리는 어느 따뜻하고 밝은 날 혼자서 공원에 가기로 했다. 즐거운 마음으로 공원에 가고 있었는데, 갑자기 자기 머리 위에 구름이 떠 있다는 사실을 의식하게 되었고 그 순간 모든 게 달라졌다. 구름이 자기를 따라다니고 있다는 것을 알게 되면서 윌리는 구름을 자꾸만 신경 쓰게 되었다. 구름을 한번 의식하자 이후부터는 원하지 않아도 자꾸만 그 생각에 사로잡혔다. 그래서 구름을 이리저리 피해보기도 하고 나름대로 숨어보기도 했지만 아무런 소용이 없었다. 다른 사람들은 모두 행복하게 잘 지내는데 윌리는 겁에 질려 오들오들 떨다가 급기야 경찰에 신고까지 하게 됐다. 그런데 경찰까지도 윌리의 마음을 이해하거나 달래주기는커녕 낄낄대며 비웃었다. 놀림을 당하고 나니 윌리는 점점 비참해졌다.

승권이 역시 친구들이 놀리던 말이나 부끄러웠던 순간이 머릿속에서 떠나지 않았다. 그래서 학교에 갈 때마다 배가 아프다, 머리가 아프다, 자꾸만 핑계를 대는 것이었다. 승권이는 진짜 아팠지만 딱히 병명이 나오는 것은 아니어서 꾀병처럼 보였다. 그렇지만 엄마에게는 이런 이야기를 할 용기가 나지 않았다. 엄마인 보라 씨는 분명 승권이 편을 먼저 들어주기보다 도대체 무슨 잘못을 했기에 친구들이 그러냐고 혼낼 게 뻔하기 때문이다. 그럴 일은 없겠지만 승권이는 엄마가 문제를 해결해주겠다고 선생님이라도 만나면 일이 일파만파 커질 것 같아 불안했다. 그래서 아무 말도 하지 못하고 속으로 애만 태우고 있었다. 다행히도 승권이는 명석해서 몇 번의 상담만으로도 자신이 두려워하는 게 무엇인지 정확하게 알아차렸다. 자신의 문제를 어떻게 해결해나가면 좋을지 조금씩 탐색할 힘을 내기 시작했다. 윌리가 무서워서 벌벌 떨고 있는 구름 한 조각이 사실은 공기와 물방울로 이루어진 별거 아닌 구름일 뿐이란 걸 문득 깨닫게 된 것처럼. 윌리는 실체가 없는 두려움에 맞서는 법을 깨닫게 되면서 자신을 채우고 있던 두려움의 족쇄를 스스로 풀어낼 수 있었다.

승권이도 역할 놀이를 통해서 아이들이 놀리거나 터무니없는 말로 모함을 할 때, 어떤 말을 하며 대응할지 연습해보았다. 그와 동시에 엄마인 보라 씨와도 별도의 개인 상담을 진행했다. 첫날 아이 상담을 신청하러 온 보라 씨의 모습이 너무 불안정해 보여 개인 상담을 권했는데, 상담하는 동안 보라 씨는 자신의 학창 시절에 대해 조금씩 이야기하기 시작했다. 아이가 등교 거부를 하는 모습을 보며 보라 씨는 자신의 따돌림 경험이 떠올랐고, 그 기억 때문에 불안해졌다. 수십 년이 지난 일이지만 보라 씨는 지금까지도 그 불안을 직면할 용기가 나지 않았다. 하지만 힘들었던 학창 시절의 경험을 바라보는 관점을 바꾸면서 재경험하게 된 보라 씨도 불안이 점차 줄어들었다.

사람들은 누구나 자신의 심리적 문제를 해소하고 싶어 한다. 그러면서도 자기도 모르는 사이 그 문제를 일으키는 행동을 끊임없이 반복하는 모순된 모습을 보이곤 한다. 이는 악순환을 불러일으키는 부정적인 행동 패턴으로 볼 수 있다. 이럴 때 우리는 변화, 즉 문제 해결을 위해 제일 먼저 이 사실을 자각할 수 있어야 한다. 자신의 모순된 행동 패턴을 알아차리고 변화를 시도하려는 의지를 다지면서 용기를 내야 한다. 문제는 자신의 모순된 모습을 스스로 알아차리기 쉽지 않다는 것이다. 그래서 친구나 가족 등 자신을 잘 아는 사람에게 도움을 받는 것이 좋다. 단, 이를 위해선 반드시 그 사람과 충분한 신뢰 관계가 형성되어 있어야 한다. 그 사실을 직면하게 될 때 “난 그렇지 않아. 그건 당신이 나를 잘 몰라서 그런 거야”라는 식으로 자기 문제를 부정하며 화를 내거나 자신의 문제가 노출되었다는 사실에 수치심을 느끼며 상처받는 일이 생기기 때문이다. 이는 자신의 문제 상황을 보지 않으려고 하거나 문제를 인정하지 않으려는 '무의식적 부인'이라는 방어기제가 작동하기 때문에 발생하는 자연스러운 현상이다.

자신의 모순을 혼자 힘으로 알아차리긴 어렵다. 하지만 두려움에 압도되지 않고 자신의 문제를 객관적으로 바라볼 수 있는 용기가 있다면, 윌리처럼 자신의 문제를 스스로 극복해낼 수 있다. 자신도 의식하지 못한 모순된 행동이 자신을 더욱 힘들게 하는 문제를 야기한다는 사실을 깨닫게 되면, 보통 사람들은 갑자기 뒤통수를 맞은 것처럼 깜짝 놀라거나 바짝 긴장하게 되는 경우가 많다. 그러면서 변화의 필요성을 인지하고 변화하고자 하는 의지를 갖게 된다. 자기 문제를 직면하면 효율적으로 문제를 해결할 수 있는 판단력이 생기고 스스로 치유하는 에너지를 얻을 수 있다. 그러면 소심하고 겁 많은 윌리가 "내가 왜 이러지? 고작 구름일 뿐인데"라고 한 것처럼 두려움을 이겨낼 수 있다. 아프고 힘들겠지만, 평상시 자신이 보기 싫은 문제나 인정하기 싫은 자신의 일부분에 대해 곰곰이 생각해보면서 직면할 수 있도록 노력하는 것이 좋다. 어렵다면 가족이나 친구처럼 자신을 잘 아는 사람에게 조언을 구하고, 그 사람이 이야기하는 모순된 자기 모습을 수용하며 객관적으로 생각해봐야 한다.

그림책 심리처방전

하나 지금 나를 둘러싸고 있는 불안은 무엇인가요? 그 불안의 중심에는 어떤 것이 있나요?

둘 나를 힘들게 하는 불안의 실체를 마주 보고 물러나지 말고 지켜보세요. 어떤 까닭으로 자신이 불안해하고 있는지를 알게 되면 그 불안은 점점 작아지면서 소멸할 테니까요.

9

아홉 번째 상담

왜 우리 아이만 늦되는 느낌일까요?

사랑하며 신뢰하기

《때가 되면 너도 날 수 있단다》

조너선 에밋 글, 레베카 해리 그림, 김지연 옮김, 어린이작가정신, 2005

딸아이를 낳고 3개월쯤 지나면서부터 나는 불안해지기 시작했다. 육아서에 따르면 생후 4개월 정도 되면 아기가 뒤집기 시작한다는데, 딸아이는 4개월이 지나고 5개월이 지나도 도무지 뒤집을 생각을 하지 않았다. 임신 당시에는 두 손 두 발 다 있는지 걱정되더니, 태어나고 나니 이젠 뒤집기를 안 해서 걱정이었다. 답답한 마음에 엄마에게 하소연했더니, 엄마는 대수롭지 않은 듯 “빠른 애도 있고 느린 애도 있는 거야. 그러니까 초조해하지 말고 조금 더 기다려 봐”라고 말했다. 엄마 말을 믿고 하루하루 아이를 돌보면서 시간을 보내긴 했지만, 쉽지 않았다. 행여나 오늘은 뒤집지 않을까 하는 기대를 하며 딸아이를 유심히 쳐다보곤 했으나 기대하던 일은 쉽게 일어나지 않았다. 그래서 날마다 불안과 걱정 때문에 속이 새까맣게 타들어 갔다.

그림책《때가 되면 너도 날 수 있단다》는 강가 작은 둥지에 사는 오리 가족에 관한 이야기다. 어느 날 엄마 오리가 다섯 개의 알을 낳았다. 내가 딸아이를 지극정성으로 보살피듯 엄마 오리도 새로 태어난 알들을 밤낮으로 정성껏 품었고, 마침내 하나둘씩 알을 깨고 나오기 시작했다. 엄마 오리와 아빠 오리는 새끼 오리들에게 루퍼스, 로리, 로지, 레베카라는 이름을 붙여주었다. 네 마리 새끼 오리가 무사히 알을 깨고 바깥으로 나왔지만, 이상하게도 마지막 남은 다섯 번째 알은 도무지 깨질 기미가 보이지 않았다. 또래 아이들이 뒤집기 시작할 무렵인데도 불구하고 딸아이가 전혀 뒤집을 생각을 하지 않는 것처럼. 날마다 아무런 일도 없이 하루해가 저물어갈 때면 나는 무언가 잘못되지는 않았나, 아이에게 이상이 있는 것은 아닐까 걱정스러운 마음에 잠도 잘 오지 않았다. 내가 딸아이를 걱정하듯 아빠 오리는 막내 오리가 과연 알을 깨고 세상 밖으로 나올 수 있을까 걱정했다.

병원에 가서 정밀검사라도 받아봐야 하는 게 아닐까 걱정하며 하루하루를 보내던 어느 날, 아니 정확하게 6개월째 접어들던 날 오전 아이가 드디어 뒤집었다. 설거지하느라 잠시 아이 혼자 거실 바닥에 눕혀놓았는데, 끙끙거리는 소리가 들려 고개를 돌려보니 아이는 뒤집은 채로 한참 있었던지 힘들어하고 있었다. 그때의 기쁨이란…. 얼마나 좋았는지 그 기분을 말로 형용할 수가 없었다. 아이가 놀랄까 봐 환호성을 지르진 못하고 바로 남편에게 전화를 걸어 호들갑을 떨었다. "여보, 여보, 우리 아기가 드디어 뒤집었어. 뒤집었다고." 남편 또한 그 말을 듣고 한참 동안 말이 없었다. 내 앞에서 내색할 수는 없었지만, 남편 역시 불안했던 모양이었다. 자기가 불안을 내색하면 내가 더 불안해하고, 그 불안이 아이에게 고스란히 전해질까 봐 꾹 참고 있었다고 했다. 그러던 와중에 아이가 드디어 뒤집었다고 하니 얼마나 기뻤는지 살짝 눈물이 나기까지 했다고 고백했다.

엄마 오리는 마지막 다섯 번째 알이 때가 되면 깨질 거라고 이야기하며 믿고 기다렸다. 엄마 오리가 말한 것처럼 다섯 번째 알은 시간이 조금 흐르자 때가 되었는지 깨어났다. 엄마 오리와 아빠 오리는 마음껏 기뻐하며 막내 오리에게 '루비'라는 예쁜 이름을 지어주었다. 루비는 알에서 나올 때도 다른 알보다 시간이 오래 걸리더니 성장도 느려서 먹이를 먹는 것은 물론 헤엄을 치는 것도, 하늘을 나는 것도 모두 다른 형제보다 늦었다. 늦되는 루비를 지켜보는 엄마 오리와 아빠 오리는 불안한 마음에 조바심을 낼 만도 한데, 이번에도 루비를 믿고 기다렸다. 아빠 오리도 전과 달리 한결같은 마음으로 루비를 격려하면서 느긋하게 기다렸다. 그랬더니 막내 오리 루비는 어느 날 누구보다도 멀리 그리고 하늘 높이 날 수 있게 되었다. 막내 오리 루비는 느리지만 자기 속도대로 꾸준히 자라면서 멋진 어른 오리로 성장했다.

나는 아빠 오리처럼 아이를 믿고 기다리는 게 잘 되지 않았다. 옆집 아이가 책을 읽기 시작하면 조바심이 났다. 딸아이가 24개월이 되자마자 한글을 깨우치게 하겠다고 또 호들갑을 떨었다. 몇 달을 가르쳐도 한 글자도 모르는 것 같아 걱정스러웠지만, 오리 부부 특히 엄마 오리처럼 아이가 지닌 내면의 힘과 잠재능력을 믿어주려 애썼다. 그랬더니 어느 날 '물'을 시작으로 일사천리로 글자를 깨우치기 시작했다.

아이가 다른 아이에 비해 발달이 느릴 때 부모는 아이에게 문제가 있는 것은 아닐까 걱정스럽고 불안하다. 그럴 땐 걱정만 하지 말고 아이의 상태를 파악하기 위해 검사를 하고 빠르게 대처해야 한다. 특히 특정 시기가 되었는데도 아이의 말이나 행동이 늦어지면 우선은 정확한 검사를 통해 발달장애가 있는 것은 아닌지 확인해봐야 한다. 장애가 있다면 부모가 이를 빨리 인정하고 수용해야 아이를 위한 치료를 하고 도움을 줄 수 있다. 만약 특별한 이상 없이 기질 때문에 늦되는 경우라면 부모는 기다려야 한다. 이런 아이들은 대부분 새로운 환경이나 자극에 적응하기까지 많은 시간을 필요로 한다. 무언가를 배우거나 시도하는 등의 새로운 자극이 두렵거나 불편해서 움츠러들기 때문에 용기를 내어 적응할 때까지 충분히 기다려주어야 한다. 부모는 아이의 기질적 특성을 이해하고 느긋하게 기다리도록 노력해야 한다. 부모가 조바심을 내면 아이는 불안해져 더 움츠러들기 때문에 주어진 환경에 잘 적응할 수 있도록 응원해주어야 한다. 아이가 스스로 해결할 수 있을 때까지 충분히 기다리고, 해결했을 때는 칭찬과 격려를 한다. 일상생활에서도 사소한 성공을 경험하면서 성취감을 느끼도록 하는 것도 좋다. 어떤 일이든 해낼 수 있다는 자신감과 자기효능감이 아이의 불안과 걱정을 해소시키면 점점 더 잘할 수 있게 만들어주기 때문이다. 가수 이적의 어머니로 유명한 여성학자 박혜란 씨의 "아이들은 믿는 만큼 자란다"는 말처럼 우리는 믿어주는 부모가 되도록 노력해야 한다.

그림책 심리처방전

하나 내가 잘못을 하더라도 끝까지 믿어주고 기다려준 사람은 누구인가요? 그 사람이 내게 보여준 신뢰의 눈빛을 떠올릴 때면 어떤 기분이 드는지 생각해보세요.

둘 아이를 믿지 못하고 자꾸만 재촉하게 되는 마음에는 어떤 불안이 있는지 살펴보세요. 자신을 믿지 못하는 엄마 아빠를 보는 아이는 어떤 마음일지 생각해보세요.

10

열 번째 상담

시간이 흘러도 부모 노릇은 힘드네요

할 수 있는 만큼만 애쓰기

《내 이름은 자가주》

퀜틴 블레이크 글·그림, 김경미 옮김, 마루벌, 2010

《내 이름은 자가주》를 펼치면 젊은 남녀가 자신들이 좋아하는 일을 하며 행복하게 살아가는 모습이 보인다. 그런 부부에게 어느 날 갑자기 이상한 소포 꾸러미가 하나 배달되었다. 포장을 풀자 그 안에는 앙증맞은 분홍빛 생물, 즉 갓난아이가 있었다. 아이 목에는 친절하게도 "내 이름은 자가주예요"라는 쪽지가 걸려 있었다. 갑자기 아기가 생긴 부부는 아기를 애지중지하며 사랑과 정성으로 키웠다. 행복한 나날이 그대로 이어질 것 같았다.

나 또한 그랬다. 결혼해서 처음으로 부모 곁을 떠나 낯선 곳에서 신혼살림을 차렸을 때는 외롭기도 했지만, 사랑하는 사람이 있어서 알콩달콩 지낼 만했다. 그러던 어느 날 몸살 기운이 있어서 약국에 가려고 집을 나섰을 때, 옆집 언니가 임신 초기에는 몸살 같은 증상이 있는데 사람들이 모르고 약을 먹는 경우가 있다면서 임신 테스트기로 먼저 검사해보라고 권했다. 떨리는 마음으로 검사를 했더니 임신이었다. 좀 더 신혼을 즐기고 싶은 마음도 있었지만, 한편으로는 외로운 객지에서 일까지 그만둔 상태라 새 생명이 찾아온 게 그저 반가웠다. 남편은 물론 시댁에선 신혼여행에서 다녀오자마자 태몽을 꾸었다며, 언제쯤 기쁜 소식을 들을 수 있을까 학수고대했다며 기뻐했다. 입덧으로 여러 달을 고생했고, 출산일이 가까워졌을 때 집을 떠나 병원에 입원할 준비를 조금씩 했다.

그러던 어느 늦가을 새벽 비가 억수같이 내리던 날, 화장실에 갔다가 뭔가 이상한 걸 느꼈다. 소변도 아닌 이상한 물 같은 것이 다리 사이로 계속해서 흘러내렸다. 바로 언니에게 전화했더니 얼른 병원에 가라고 했다. 양수가 터져서 바로 병원에 가야겠다고 자는 남편을 깨웠다. 그렇게 첫째가 태어나고 1년이 지난 어느 날 둘째가 찾아왔다. 두 살 터울이지만 연년생에 가까운 아이 둘을 키우는 것은 무척 힘들었다. 그렇지만 좋은 엄마가 되고 싶었기에 아이들에게 조금이라도 해로운 것이라면 무조건 하지 않으려고 노력했다. 모유 수유는 물론, 기본적으로 천 기저귀를 썼으며, 이유식도 직접 만들어서 먹였다. 너무 사랑스러운 아이들이었기에 애지중지 키웠다.

시간이 흐르면서 아이들은 엄마를 힘들게 했다. 싱크대에 넣어

둔 냄비를 모두 꺼내고 자기가 들어가 앉는다거나 변기에 담긴 물로 세수를 한다거나 화장대 의자를 밟고 올라가 립스틱으로 사방에 낙서를 한다거나 수많은 말썽을 피우며 감당하기 힘든 모습으로 변했다. 자가주처럼 새끼 대머리독수리가 되기도 했고 말썽꾸러기 코끼리로 변신하기도 했고, 어떤 날에는 온 집 안을 헤집고 다니면서 엉망진창으로 만들어버리는 멧돼지로 변신하기도 했다. 그래도 나는 좋은 엄마가 되고 싶어서 '엄마표로 아이들을 교육할 거야' 다짐하곤 했다. 아이들을 인형들과 함께 앉혀놓고 어쭙잖게 유치원 놀이를 하면서 한글을 가르쳤다. 아이들이 어린이집에 가고 유치원에 갈 정도로 쑥쑥 컸어도 나는 엄마표 교육을 하느라 정신이 없었다. 초등학생이 되기 전까진 학원에 보내지 않고 내가 모든 걸 가르쳤다. 엄마만큼 아이들을 잘 아는 선생님은 없다면서 최대한 스트레스를 덜 받도록 놀이 형식으로 공부를 가르치되, 날마다 시간표를 짜서 어느 한 부분이라도 부족하지 않게 신경 쓰며 키웠다. 얼떨결에 부모가 되었지만 좋은 엄마가 되고 싶었다.

아이들은 쉴 새 없이 변신하는 자가주처럼 못된 새끼 용에서 박쥐로, 박쥐에서 멧돼지로, 코끼리로, 이상하고 낯선 털북숭이로 모습을 바꿔가며 혹독한 사춘기를 보냈다. 그러나 아이들은 어느 날 아침 예의 바르고 말끔한 청년이 된 자가주처럼 정신을 차리더니 지금은 어엿한 대학생이 되었다. 예의 바른 청년이 된 자가주는 좋아하는 여자 친구를 만나 결혼을 약속하고, 엄마 아빠에게 이 사실을 알리러 간다. 이번엔 엄마 아빠가 커다란 갈색 펠리컨으로 변신했는데, 자가주의 말을 듣고 부리를 딱딱거리며 좋아한다. 그리고 두 마리의 펠리컨이 자가주와 자가주의 여자 친구와 어깨동무를 하며 나란히 앞을 향해 걸어나가는 것으로 끝이 난다. 우리 아이들이나 부부도 이렇게 되리라 믿는다.

나는 아이들이 초등학생이 되기 전까지 걸핏하면 편도선염에 걸렸다. 가만히 돌이켜 보면 편도선염에 걸릴 만큼 자신을 혹사하며 좋은 엄마가 되는 데 집중하기보다 아이들을 믿고 느긋하게 대했더라면 어땠을까 싶은 생각이 든다. 날마다 다른 동물로 변신하며 말썽을 피우는 자가주였지만, 어느 날 예의 바르고 멋진 청년이 되어서 나타난 것처럼 우리 아이들을 믿고 닦달하지 않았다면 아이들이 조금 더 행복하게 자랄 수 있지 않았을까 하는 생각도 해본다. 아이들이 사춘기를 겪는 동안 나는 좋은 엄마가 되기를 포기했다. 아이들만 쳐다보고 있다간 엄마인 내가 먼저 미쳐버릴 것 같아서 상담 공부를 시작했다. 그래, 너희들은 너희들 인생을 살아라. 나는 나의 인생을 살 테니. 좋은 엄마 되기는 포기하고, 있는 그대로의 나로, 부족한 엄마로 지내기로 했다. 다만 아이들이 도움을 청하면 언제든지 달려갈 수 있을 만큼의 거리에서 내가 할 일을 하며 생활하기로 했다.

소아과 의사이자 정신분석학자인 도널드 위니컷은 자신이 할 수 있는 최선의 것을 하는 엄마가 '충분히 좋은 엄마'라고 했다. 그리고 '충분히 좋은 엄마'는 '아기와 엄마' 두 사람의 공동 산물이어서, 환경(엄마)이 부족하더라도 아이는 이를 부족한 대로 이해하고 받아들인다고 말했다. 또 자신에게 주어진 것만 가지고도 잘 지내는 법을 통해서 충분히 좋은 엄마를 만드는 일에 일조한다고 주장했다. 갓난아기는 처음부터 엄마의 행동에서 모자라고 부족한 부분을 스스로 창의적으로 메우면서 엄마를 '충분히 좋은 엄마'로 만드는 데 자신의 역할을 다한다.

성인이 된 아이들은 엄마가 좋은 엄마 되기를 포기하지 않았더라면 아마도 자기들은 숨이 막혀 죽었을지도 모른다고 말한다. 그때 엄마가 좋은 엄마 되기를 포기하고 부족한 엄마로 변신했기에 자기들이 자기 삶을 온전히 살 수 있게 되었다고 말이다. 우여곡절이 많았으나 아이들이 사춘기를 맞으면서 완벽한 엄마가 되길 원했던 내가 무너지고 부족한 모습이 드러나기 시작했다. 부족한 엄마임을 인정하고 할 수 있는 만큼만 엄마 역할을 하자, 아이들이 알아서 엄마의 빈자리를 메워나가기 시작했다. 이처럼 엄마는 자신의 한계를 인정하고 수용할 필요가 있다. 분명 시행착오를 거치겠지만 아이들은 엄마의 한계와 부족함을 있는 그대로 인정하고 수용해나갈 것이다. 그리고 자신의 힘으로 부족한 부분을 채우면서 자기만의 세계를 독립적으로 구축해나갈 것이다.

그림책 심리처방전

하나 자신이 생각하는 좋은 부모에 관해 이야기를 나누면서 어떤 경험에서 비롯되었는지 탐색해보고 서로를 이해하고 소통하는 시간을 가져보세요. 그런 다음 부부가 생각하는 '좋은 부모'는 어떤 모습인지 함께 생각하고 어떻게 하면 그런 부모가 될 수 있을지 조율해보세요.

둘 엄마와 아빠가 아이 양육 방침이나 육아에 관한 가치관을 함께 이야기해보세요. 아이의 실수나 잘못을 어디까지 허용해줄 것인지, 어떤 부분부터 훈육이 필요하다고 생각하는지 등 의견을 나누면서 원칙을 세워보세요.

2부

분노와 수치심

화가 치밀어오르는 순간이 있어요 | 화나는 이유를 잘 설명하고 싶어요 | 왜 항상 나만 참고 애써야 하나요? | 거절당할까 봐 요구하기가 힘들어요 | 모든 걸 함께하고 싶어 해서 부담스러워요 | 내 의도를 추측하지 않았으면 좋겠어요 | 더아싱 내 욕구를 감추고 싶지 않아요 | 내 주변의 모든 것이 마음에 들지 않아요 | 실수를 인정하면 나쁜 사람이 돼버리잖아요 | 함부로 단정 짓거나 판단하지 마세요

11

열한 번째 상담

화가 치밀어오르는 순간이 있어요

화내는 자신을 지켜보기

《가시 소년》

권자경 글, 하완 그림, 천개의바람, 2021

몇 해 전 모 대학 상담센터에서 연구원으로 근무할 때였다. 20~30명의 상담사들을 관리하다 보니 처음 얼마 동안은 스트레스를 많이 받았다. 각기 다른 개성을 가진 상담사들이 어우러져 일을 하다 보니 서로 부딪히는 일도 많았다. 거의 일주일에 두세 번은 화를 내는 상담사를 접했다. 그때마다 그들이 쏟아내는 부정적인 감정의 쓰레기통이 된 것 같다는 생각이 들어서 비참한 기분이 들기까지 했다. 그러던 어느 날 '명색이 상담한다는 사람들인데 왜 저렇게 행동할까?'라는 궁금증이 생겼다. 그러면서 '내담자를 대하듯 관찰하고 분석해보면 조금은 이해가 되지 않을까?'라는 생각을 하게 되었다. 그날부터 나는 걸핏하면 화부터 내기 때문에 대하기 껄끄러운 상담사들 목록을 만들고, 그들의 행동을 관찰하기 시작했다. 그러자 《가시 소년》의 주인공이 자신에 대해 "나는 가시투성이야"라는 말로 시작하는 것처럼 가시투성이인 상담사들을 쉽게 찾을 수 있었다. 사람들에게 상처가 되는 말을 거칠게 쏟아내고, 틈만 나면 뾰족하게 말하거나 소리치면서 화를 내는 가시 소년 같은 상담사가 여러 명 있었다.

가시 소년은 아침에 알람이 울릴 때도 화가 났고, 혼자 밥 먹는 아침 밥상에서도 화가 났고, 신호를 지키지 않고 지나가는 차를 봐도 화가 났다. 가시 소년처럼 상담사들도 이런저런 이유로 화를 냈다. 어떤 사람은 자기가 생각한 대로 상황이 흘러가지 않는다고 짜증을 냈다. 어떤 사람은 자신이 무시당했다고 생각되면 어김없이 큰 소리로 불만을 터뜨렸고, 어떤 사람은 내가 무슨 일을 하든 어떤 상황에 있든 상관없이 자신에게 관심을 기울여주기를 바라는데 그렇지 못할 때 일단 화부터 냈다. 각자 그 사람만의 화내는 지점이 하나씩은 있고, 그 부분을 건드리면 벌컥 화를 낸다는 것을 깨닫고 나니 그들을 어떻게 대해야 할지 알게 되었다. 그리고 그 사람들이 왜 그토록 예민하게 반응하면서 어김없이 화를 낼까 짐작 가능해졌을 때, 비로소 그들을 대하는 것이 조금 편해졌다.

가시 소년은 자신의 행동이나 말 때문에 친구들이 상처받는다는 걸 알고 있지만, 상담사들은 그걸 모르고 있어서 나는 더 속상했고 힘들었다. 가시 소년은 가시를 곤두세운다고 마음을 달랠 수 있는 게 아니란 걸 알지만, 또 한편으로는 가시를 날카롭게 세워야만 자신이 다치지 않을 거라고 생각한다. 상담사들도 자신을 지키기 위해 그렇게 소리를 지르거나 화를 내는 것인지도 모른다고 생각하자 한결 마음이 편안해졌다. 상담사들을 바라보는 마음의 여유가 생겨나면서 혼자서 이런저런 방법을 궁리하기 시작했다. 가시 소년은 자기를 지키기 위해 가시를 돋우는 것이 오히려 자신을 더 외롭게 만든다는 사실을 깨닫고, 그 가시 때문에 오히려 슬퍼지는 것을 깨달으며 혼자서 이런저런 방법을 시도해보지만 소용없었다. 가시 소년은 용기를 내어 의사를 찾아갔다. 그리고 마침내 가시 옷을 벗어버리고 환한 웃음을 지으며 사람들에게 진짜 하고 싶은 말을 할 수 있게 되었다.

나도 상담사들이 왜 화를 내는지, 어떤 상황에서 무엇 때문에 화를 내는지 등을 혼자서 관찰하고 나름대로 연구했다. 그랬더니 상담사들이 화나지 않게 하려면 어떻게 해야 하는지도 알게 되었다. 상담사들이 자신의 아픔을 건드렸을 때나 자기의 기대가 무너졌을 때 화를 낸다는 사실을 안 이후로 그들에 대한 불편한 마음은 사라졌다. 그리고 가시 소년이 다른 사람들처럼 가시를 그림자로 숨기고 행복하게 살아갈 수 있게 된 것처럼 나 또한 상담사들과 기분 좋게 웃으면서 일할 수 있었다.

가시 소년처럼 나도 때때로 화가 나고, 그 화를 거칠게 표현할 때가 있다. 평소에는 화를 잘 안 내는 편이지만, 1년에 한두 번은 꼭 남편에게 화를 내곤 한다. 갑자기 불같이 화를 내는 나를 두고 남편은 매번 당황하면서 "도대체 왜 그러는 거야?" 하는 표정으로 쳐다보곤 했다. 나도 내가 왜 그렇게 화를 내는지 몰랐다. 상담 공부를 하면서 자기 통찰을 해본 결과, 나도 특정 순간만 되면 화가 난다는 사실을 알게 되었다. 주로 돌봄이 필요해 퇴행한 순간인데, 그 돌봄을 받지 못할 때 평소와 달리 참지 못하고 벌컥 화를 낸다는 것을 깨닫게 되었다. 상대방 입장에서는 이런 나의 심리적 특성을 알지 못하니 당황스러워 같이 화를 내며 싸우게 된다는 것도 깨달았다.

다른 사람들과 잘 지내기 위해서는 자신이 왜 화가 나는지 알아야 한다. 그리고 그 부분을 상대방에게 솔직하게 표현해 갈등 상황으로 치닫지 않도록 할 필요도 있다. 무조건 화를 내면 나도 상대도 다치지만, 효율적으로 화를 내면 오히려 서로에게 도움이 된다. 그러기 위해서는 자신을 잘 알아야 한다. 언제 어떤 때 화를 내는지, 화가 나면 어떻게 반응하는지, 그 화를 다스리려면 어떻게 하면 좋은지, 상대에게 화난 것을 알릴 때는 어떤 방법이 가장 효과적일지 등에 대해 생각해보고, 다양한 방법들을 시도해보면서 시행착오 끝에 자기에게 가장 적합한 방법을 찾아내야 한다.

그림책 심리처방전

하나 나 또는 가족 구성원들이 언제 화를 내는지 곰곰이 생각해보세요. 언제 어떤 상황에서 화를 내는지 살펴보고, 그때 어떤 공통점이 있는지 찾아보세요.

둘 화를 낼 때 또는 화내기 직전 내 몸에서 어떤 반응이 일어나는지 가만히 지켜보세요. 화가 난다는 사실을 깨닫는 순간에는 또 어떤 반응이 일어나는지도 한번 살펴보세요.

12

열두 번째 상담

화나는 이유를 잘 설명하고 싶어요

화 다스리기

《소피가 화나면, 정말 정말 화나면》

몰리 뱅 글·그림, 박수현 옮김, 책읽는곰, 2013

40대 후반의 아민 씨는 친정 엄마만 생각하면 자꾸 화가 나 힘들다면서 상담실을 찾아왔다. 엄마의 어떤 부분 때문에 화가 나느냐, 화가 나면 무엇 때문에 힘이 드느냐 등에 대해 물었을 때 아민 씨는 잘 모르겠다고 말했다. 그냥 전에는 맛있는 것을 사드리거나 좋은 옷을 사드리는 게 기쁨이었는데, 요즘에는 '내가 왜 이렇게까지 해야 하나?' 하는 생각이 들어서 짜증이 난다고 말했다. 엄마의 전화만 받아도 짜증이 나서 어떻게 해야 할지 모르겠다고 눈물을 흘리며 하소연했다. 아민 씨와의 상담은 아민 씨가 엄마에게 왜 화가 나는지를 찾아보는 것부터 시작했다.

《소피가 화나면, 정말 정말 화나면》의 주인공 소피는 혼자서 고릴라 인형을 가지고 재미있게 놀고 있었다. 그때 언니가 느닷없이 다가와 고릴라 인형을 빼앗았다. 소피는 화가 났지만 애써 참으면서 "안 돼!"라고 말했다. 그런데 엄마는 언니 편을 들면서 "이번엔 언니가 가지고 놀 차례"라고 말했다. 그 말을 듣고 언니가 소피에게 고릴라 인형을 낚아채듯 빼앗았을 때 소피는 더 화가 났다. 언니가 인형을 홱 잡아채는 바람에 소피가 장난감 트럭에 걸려 넘어졌을 땐 도저히 참을 수가 없었고, 결국 화가 폭발하고야 말았다.

아민 씨도 소피처럼 일상생활 속에서 화가 난 이유가 있을 것이니 엄마와의 관계에서 생각나는 크고 작은 일에 대해 차근차근 이야기를 나누어보려고 했다. 한참 동안 침묵을 지키던 아민 씨는 엄마가 늘 오빠를 왕처럼 떠받들면서 딸인 자신은 함부로 대했다는 것을 떠올렸다. 어떻게든 엄마의 사랑과 관심을 받기 위해 늘 최선을 다했지만, 엄마는 항상 트집을 잡아 불평불만을 늘어놓곤 했다. 다른 집 딸과 비교하면서 이제껏 한 일은 무시하고 늘 더 많은 것을 안 해준다고 화를 내면서 요구만 했다는 사실도 떠올랐다. 모든 혜택은 당연하게 누리면서도 자식 된 도리라곤 아무것도 하지 않는 오빠를 여전히 하늘 같은 존재처럼 떠받드는 엄마의 태도에 섭섭한 마음이 들면서 불공평하다고 생각한다는 사실을 알아차리기 시작했다. 더 나아가 그런 자신의 감정이나 생각을 스스로 억압해왔기 때문에 아민 씨는 그런 마음으로 엄마를 대하고 있다는 사실조차 몰랐다는 것을 깨달았다. 불만이 차곡차곡 쌓였지만 자기 마음을 들여다보지 않아서 아민 씨는 그 사실을 이제껏 의식조차 못 했다. 이 사실을 어렵게 알아차리고 받아들이게 된 아민 씨는 또다시 고민하기 시작했다. 이제부터는 무엇을 어떻게 하면 좋을까 함께 탐색했다.

화가 머리 꼭대기까지 난 소피는 입을 앙다물고 발을 쾅쾅 굴러댄다. 자신을 화나게 만든 세상을 부수고 싶은 마음에 주먹을 꽉 쥐고 소리를 지른다. "으아아아!" 그야말로 뻘겋게 시뻘겋게 소리를 질러댄다. 그래도 풀리지 않는 화 때문에 소피는 폭발 직전에 이르렀다. 소피는 문을 쾅 닫고 급히 집 밖으로 달려 나간다. 집 가까이에 있는 숲을 향해 달리고, 달리고, 또 달린다. 더 이상 달릴 수 없을 때까지 달린 소피는 한참 동안 울어버린다. 속상한 마음을 혼자 눈물로 달래는 것이다. 아민 씨 역시 이런 과정이 필요했다. 자신의 속상한 마음, 섭섭한 마음, 억울하고 화난 마음을 억압해둘 것이 아니라 밖으로 표출하는 연습을 할 필요가 있었다.

소피가 분노의 질주 끝에 다다른 숲에서 한참 동안 운 것처럼 안전하다고 느끼는 곳이나 대상 앞에서 자신의 감정을 충분히 표출하는 시간을 가져야 한다. 그래야 소피처럼 감정으로부터 거리 두기가 가능해진다. 한바탕 달리고 우는 식으로 화난 감정을 표출한 소피는 숲길을 걸으며 우느라 보지 못했던 나무와 바위, 고사리를 바라볼 수 있게 된다. 지금껏 들리지 않았던 새 소리도 들을 수 있게 된 소피는 천천히 걸어서 아름드리 너도밤나무를 찾아간다. 거기서 자연의 품에 안겨 위로를 받으며 문제 상황과 거리 두기를 하고 객관화시키면서 생각을 정리하고 마음을 추스를 수 있게 된다. 기분이 좋아진 소피는 나무에서 내려와 따뜻하고 좋은 냄새가 나는 집으로 돌아간다. 그리고 소피가 돌아온 것을 기뻐하는 가족들 품에 안겨서 이전처럼 가족들과 퍼즐을 맞추기도 하고, 방에서 좋아하는 그림을 그리기도 한다.

아민 씨 역시 화가 날 때는 무조건 참기보다 자신이 화가 났다는 사실을 상대방에게 알려야 한다는 것을 알아차렸다. 화가 난 사실을 알리되 어떻게 하면 좀 더 효율적으로 감정을 전달할 수 있을지 방법을 고민할 필요가 있었다. 엄마와의 관계에서 갈등이 더 심해지지 않도록 아민 씨는 화를 다스릴 수 있는 자신만의 방법을 찾아보기로 했다. 그렇게 화가 가라앉은 상태에서 문제를 객관적으로 바라보는 시간을 가질 필요가 있다고 판단했다. 그래야 문제 상황 속에서 자신이 화가 난 원인을 찾아 효율적으로 대처할 수 있기 때문이다. 이를 위해 아민 씨는 화가 날 땐 일단 공원에 가서 빠르게 걸으면서 화를 밖으로 분출해내기로 했다. 음악을 들으며 잠깐씩 달리면서 자기 몸의 변화에 집중하는 등 신체감각을 느껴보기도 했다. 소피처럼 자신을 스치는 바람을 피부로 느껴보거나 지저귀는 새 소리를 듣거나 예쁜 꽃이 살랑살랑 춤추는 것을 보며 주의를 환기시켰다. 화가 좀 가라앉으면 공원 벤치에 앉아 좋아하는 차 한잔을 마시면서 마음을 들여다보고, 화나는 마음 안에는 어떤 욕구가 있는지 등을 생각해보기도 했다. 그런 다음 자신의 감정이나 생각을 혼자 처리할 것인지 아니면 엄마에게 전달할 것인지 등을 고민하면서 의사소통 방법까지 차근차근 연습해나가기로 했다.

화를 무조건 참는 것은 바람직하지 않다. 화를 내는 것 자체가 잘못은 아니다. 화를 어떻게 표현하는가가 관건인데, 화를 잘 내려면 우선 왜 화가 났는지 그 원인을 탐색해봐야 한다. 일반적으로 분노의 원인은 크게 네 가지라고 이야기한다. 상대방이 자신에게 상처를 주는 말이나 행동을 했을 때나 원하지 않은 친밀감이나 동정심을 표현할 때, 그리고 자신이 바라는 일이 이루어지지 않을 때, 마지막으로 자신의 가치관이나 원칙에 대립되는 행동을 할 때 우리는 화가 난다. 만약 화나는 이유를 잘 모르겠다면 화가 났던 때를 떠올리면서 역추적을 해보는 것이 좋다. 다른 감정들과 마찬가지로 화가 났던 당시 자신이 중요하게 생각했던 것이나 기분 나빴던 이유 등을 따져보면 화나는 이유를 찾기가 조금 쉬워진다. 그렇게 화가 나는 원인을 찾은 다음에는 상대방에게 '나 전달법(I-message)'을 사용해 문제 상황에 관한 자기 생각이나 느낌 등을 말한다. 상대방의 행동이 자신에게 미치는 영향과 그에 따른 자신의 욕구나 바람 등을 부탁 형식으로 정확하게 전달하는 것이 좋다.

그림책 심리처방전

하나 감정 일기를 쓰면서 자신이 언제 어떤 상황에서 어떤 감정을 느끼는지 알아보세요. 기쁘거나 속상하거나 화나는 상황을 자세히 살펴보면 그 상황에서 자신이 왜 그런 감정을 느끼는지 공통적으로 발견되는 생각이 있을 거예요.

둘 나 전달법을 통해 자기표현을 해보세요. 있는 그대로의 사실이나 상황, 그것들로 인해 자신이 느끼는 감정이나 생각 등을 말해보세요. 그런 다음 문제 상황이 자신에게 미치는 영향을 솔직하게 전달하고 무엇을 원하고 바라는지 자신의 바람이나 요구를 언급해보세요. 처음엔 어렵게 느껴지겠지만 반복해서 연습하다 보면 금방 익숙해질 거예요.

13

열세 번째 상담

왜 항상 나만 참고 애써야 하나요?

자신을 적극적으로 표현하기

《난 형이니까》

후쿠다 이와오 글·그림, 김난주 옮김, 미래앤아이세움, 2002

50대 후반의 은정 씨는 1남 3녀 중 둘째 딸이다. 첫 딸인 언니는 맏이여서 부모님이 뭐든지 제일 먼저 챙겨주셨다. 셋째인 남동생은 집에서 유일한 아들이었기 때문에 늘 금이야 옥이야 대접을 받았다. 넷째인 여동생은 막내여서 나름대로 귀여움을 받으며 자랐다. 둘째인 은정 씨만 형제자매 사이에서 이리 치이고 저리 치이면서 자랐다. 그래서 어렸을 때부터 엄마를 도와 집안일을 하면서 사랑받기 위해 노력했다. 그 덕분에 자라는 내내 살림꾼이란 소리를 들었다. 은정 씨는 결혼 후에도 일이 있을 때마다 시부모님이 도움을 청할 만큼 똑 부러지는 솜씨로 인정받는 며느리였다. 어떤 조직에 가도 은정 씨는 적응력이 뛰어날 뿐만 아니라 애교가 많아서 늘 사람들로부터 관심의 대상이 되곤 했다.

문제는 친정 부모님이나 형제들이 집안에 일이 생길 때마다 은정 씨에게 모두 떠맡기는 바람에 늘 바쁘고 힘이 든다는 것이었다. 큰아이가 고3일 때 친정아버지가 병원에 입원했는데, 형제들은 모두 바쁘다며 은정 씨에게 병간호를 맡겼다. 아버지 병간호를 하는 건 억울하지 않은데, 한 달 가까이 입원해 있는 동안 다른 형제들은 얼굴 한번 내비치지 않아 서운하고 화가 났다. 퇴원해서 집으로 아버지를 모시고 왔을 때조차 형제들 그 누구도 은정 씨에게 고생했다는 말 한마디를 하지 않았다. 친정 엄마가 치매에 걸렸을 때도 그 수발은 당연히 은정 씨 몫이었다. 집안 대소사는 물론 부모님이 필요할 때마다 한달음에 달려가 일 처리를 도맡아 했지만, 형제자매들 가운데 누구도 은정 씨의 노고를 알아주지 않았다.

《난 형이니까》의 주인공 유이치에게는 다카시라는 동생이 하나 있다. 하나밖에 없는 동생이지만, 유이치는 다카시가 얄밉기만 했다. 다카시는 늘 말썽을 피워서 유이치를 곤란하게 만들었다. 유이치 책가방에 쓰레기를 잔뜩 넣어놓는가 하면, 공책에 크레파스로 낙서를 잔뜩 해놓을 때도 있었다. 체험 학습 때 가져가려고 챙겨놓은 간식을 절반 이상 먹어버려 속상하게 할 때도 있었다. 유이치가 아끼는 기념우표를 서랍장과 상에 다닥다닥 붙여놓아서 화나게 할 때도 있었다. 혼자 목욕하고 싶은데 엄마 때문에 할 수 없이 다카시와 함께 목욕해야 할 때면, 녀석은 잽싸게 먼저 목욕탕에 들어가 히죽히죽 웃으면서 유이치를 약 올리기도 했다.

그런데도 친구나 부모님은 늘 유이치에게만 뭐라고 했다. 유이치에겐 성가시고 밉기만 한 동생인데, 엄마 아빠는 항상 다카시를 예뻐하며 동생 편을 들었다. 유이치의 엄마 아빠가 동생을 챙기듯 은정 씨 아버지도 입버릇처럼 아들이 최고라고, 딸은 있으나 마나 하다고 말하곤 했다. 은정 씨 엄마 역시 중요한 일이 있을 때마다 언니를 찾아서 의논하곤 했다. 그래도 은정 씨는 부모님이 자기를 제일 믿고 의지하기 때문에 곤란한 일이 생길 때마다 자기에게 도움을 청하는 것이라 생각했다. 부모님이 자기를 제일 편하게 여긴다고 생각했기에 도움이 필요할 때마다 늘 기쁜 마음으로 친정에 달려가곤 했다.

하지만 얼마 전 자신이 힘들 땐 땡전 한 푼 없다던 부모님이 남동생 아들이 대학에 들어갔을 때 입학 축하금으로 백만 원을 줬다는 이야길 듣고선 마음이 상했다. 여동생이 아프다고 했을 때는 보약을 지어 먹으라고 용돈을 두둑하게 챙겨줬다는 사실을 뒤늦게 알고 은정 씨는 서글프고 허탈했다고 말하며 눈물을 훔쳤다. 부모님을 위해 뼈 빠지게 일을 하는 자신은 어떤 존재인가 싶어서 허망한 마음까지 들었다고 말했다. 아무리 생각해봐도 동생이 있어서 좋은 점이 하나도 없는 것 같은 유이치처럼 은정 씨도 형제자매가 있다는 게 오히려 마음을 더 힘들게 했다. 유이치 부모님이 유이치에게 “형이니까 참아야지” “형이니까 동생한테 좀 더 잘해야지”라며 훈계를 늘어놓았던 것처럼 은정 씨 부모님도 은정 씨에게도 “네가 잘하니까 와서 도와줘야 한다” “너 아니면 누가 이런 걸 하겠냐?” 하며 많은 걸 요구하곤 했다. 동생을 생각만 해도 무지무지 화가 나고 싫은 유이치처럼 은정 씨는 아무것도 안 하고 대접받는 형제자매가 싫었다. 더불어 자기에게만 이래라저래라 하는 부모님에게도 화가 났다. 은정 씨는 이제껏 자식이니까 당연히 효도하며 사는 게 옳다고 생각하며 살아왔다. 하지만 더 이상 기쁜 마음으로 부모님을 수발하고 싶지 않다는 생각이 들면서 부모님은 물론 형제자매와도 가까이 지내기 싫어졌다.

개인심리학의 창시자 알프레드 아들러(Alfred Adler)는 부유한 유대인 상인 집안에서 6남매 중 둘째로 태어났다. 그래서 자신이 항상 형보다 뒤처졌다고 생각했으며, 동생이 태어나면서는 더 이상 부모님의 사랑을 충분히 받을 수 없다고 생각했다. 또 아들러는 가족구조와 출생 순위에 따라 개인의 성격이 형성되고, 성인이 되었을 때 생활양식에 영향을 미친다고 주장했다. 아들러의 주장에 따르면 은정 씨처럼 둘째 또는 중간 형제들은 태어나면서부터 부모의 사랑과 관심을 맏이와 나누어야 할 뿐만 아니라 동생이 태어나면서부터는 동생과도 애정을 나누면서 생활해야 한다. 그래서 대부분 둘째는 첫

째나 막내와 달리 야심이 많고 적응력이 뛰어나다는 특징이 있다. 물론 질투가 심하고, 반항적이며, 항상 이기려고 하는 경향도 있다.

둘째인 은정 씨도 어렸을 때부터 다른 형제에게 쏠린 부모님의 관심을 어떻게 하면 자신에게 돌릴 수 있을까 애쓰며 살아왔다고 말했다. 환갑이 다 되어가는 지금도 부모님의 사랑을 받기 위해 애쓰는 자신이 안쓰럽다고 눈물을 흘렸다. 그러면서 부모님을 위한다고 했던 많은 일이 사실은 남들에게 "나라는 사람이 이렇게나 효녀야!"라고 드러내기 위한 가식적인 부분에서 비롯된 면도 있었다고 고백했다. 자신의 행동 속에 이런 욕구가 숨어 있었다는 것을 깨달은 은정 씨는 이제 달라지기로 결심했다. 제일 먼저 평생을 그렇게 애쓰면서 살아온 자신을 위로해주기로 했다. 은정 씨는 자신이 가장 듣고 싶었던 말을 스스로 들려주었다. "부모님에게 사랑받고 싶어서 그동안 정말 애쓰면서 살아왔구나. 많이 지치고 힘들었겠구나"라는 말을 반복하면서 자신을 충분히 위로해주었다. 그리고 자신이 애쓰는 동안 느꼈던 섭섭한 마음을 부모님과 형제자매에게 솔직하게 표현했다. 부모님이나 형제자매는 늘 은정 씨가 모든 일을 주도적으로 하다 보니 어느 순간 그걸 당연하게 여기면서 뒤로 한발 빠져 있게 되었다고 고백했다. 형제자매는 은정 씨가 이렇게 힘들어할 줄 몰랐다면서 언제든지 말만 하면 적극적으로 돕겠다고 약속했다. 부모님 역시 자신들이 행했던 사소한 행동이 은정 씨를 서운하게 할지 몰랐다며 미안하다고 말했다.

아무리 부모일지라도 자식을 다 알 수 없다. 형제자매에게도 표현하지 않은 내 마음을 알아달라고 하는 건 무리다. 그러니 이러이러한 부분은 이러저러해서 서운하고 화가 나니, 앞으로는 이렇게 저렇게 해주었으면 좋겠다고 분명하게 말하도록 노력해야 한다. 어려운 일이지만 자신의 마음을 솔직히 이야기하며 소통하고자 할 때 자신은 물론 상대방 또한 변화를 시작할 수 있다.

그림책 심리처방전

하나 형제자매들 사이에서 자신이 연장자여서 또는 동생이어서 양보했던 것들에는 어떤 것이 있나요? 그때 어떤 감정을 느꼈는지 생각해보고, 그때 그 순간의 자신을 위로해주세요.

둘 속상했던 바로 그 순간 자신에게 필요했던 부모님이나 형제자매의 반응은 어떤 것이었나요? 가족에게 받고 싶었던 위로의 말이나 행동을 글로 써보세요.

14

열네 번째 상담

거절당할까 봐 요구하기가 힘들어요

진짜 욕구 표현하기

《너 왜 울어?》

바실리스 알렉시키스 글, 장-마리 앙트낭 그림, 전성희 옮김, 북하우스, 2009

그림책《너 왜 울어?》의 표지에는 빨간색 매니큐어를 바른 손가락 끝이 길게 그림자를 늘어뜨리며 빨간 털모자를 쓴 아이를 가리키고 있다. 아이는 시선을 아래로 떨어뜨린 채 두 손을 등 뒤로 숨기고 있다. 아이는 장화를 신은 두 발끝도 가운데로 모으고 있다. 그림을 보자마자 나는 하얀 모자를 깊숙이 눌러 쓴 채 상담실을 찾아왔던 겸이 씨가 생각났다. 겸이 씨는 상담실 의자에 앉자마자 자신이 왜 살아야 하는지 모르겠다고 말했다. 그러고는 한참 동안 아무런 말이 없었다. 맞은편에 앉아 있는 나 또한 아무런 말도 하지 않고 가만히 기다렸다. 한동안 침묵의 시간이 흘렀다.

스스로 상담실까지 찾아와서도 아무 말도 못 하고 앉아 있는 겸이 씨가 얼마나 힘이 들면 저럴까 생각하니 내 마음도 아팠다. 이제 겨우 스물두 살의 아가씨가 얼마나 외롭고 힘들었으면 처음 보는 나이 많은 상담사 앞에서 저러고 있을까 안쓰러웠다. 그래서 "겸이 씨, 힘들지요?"라는 말을 조심스레 건넸다. 침묵을 깨고 그 말 한마디 건넸을 뿐인데, 겸이 씨의 눈에서 닭똥 같은 눈물이 뚝뚝 흐르기 시작했다. 주르륵 눈물을 흘리더니 이내 큰 소리로 엉엉 울기 시작했다. 세상에서 가장 서러운 사람처럼 그렇게 한참을 소리 내어 울던 겸이 씨가 한참 후 가쁜 숨을 겨우 고르며 띄엄띄엄 말했다. "힘들어요. 세상 사는 게 너무 힘들어요"라고 말하며 또 울었다. 그 이야기가 나에겐 "세상에 나 혼자뿐인 것 같아요. 허허벌판에 나 혼자만 있는 것 같아요"라는 말로 들렸다.

《너 왜 울어?》에서 비행기 장난감을 가지고 놀고 있는 아이더러 엄마는 다른 곳에서 "코트 입어!"라고 말한다. 비행기 장난감을 놓고 모자를 찾아 쓰려는 아이에게 또다시 엄마는 "장화는 어디 있니? 어서 가서 장화 찾아와!"라고 한다. 열심히 장화를 찾고 있는 아이 등 뒤로 "장화 못 찾아오면 엉덩이 한 대 맞고 우리 그냥 집에 있는 거다!"라는 엄마의 협박이 더해진다. 이후로도 엄마의 잔소리와 투덜거림이 계속 들려오지만, 엄마는 여전히 보이지 않는다. 그러다 문고리가 하나 보이면서 아이가 손을 뻗고 있는 장면이 보인다. "문 열지 마! 엄마는 아직 준비 다 못한 거 뻔히 보면서 그래. 안 보여?"라는 소리와 함께.

겸이 씨도 자기 머릿속에는 수없이 많은 잔소리와 짜증 섞인 말이 오간다고 말했다. 누구의 잔소리가 들리느냐고 물었더니 고모와 고모부라고 했다. 그분들이 뭐라고 말하냐고 물었더니, 예의 바르게 행동해야 한다, 사람은 자고로 다른 사람의 수고에 늘 감사해야 하고 은혜를 갚을 줄 알아야 한다, 욕심부리면 안 된다, 공부는 무조건 잘해야 한다 등등이었다. 왜 그런 소리가 머릿속에서 계속 맴도는지 사연을 들어본즉, 겸이 씨가 유치원 들어가기 전에 부모님이 이혼했는데, 남자 혼자 일하면서 어린 딸을 키우는 게 버거워 아버지는 겸이 씨를 고모 집에 맡겼다고 한다. 겸이 씨가 자라는 동안 아버지는 고모에게 양육비를 줘서 고모네 식구는 경제적인 어려움 없이 살 수 있었다. 겸이 씨 역시 부족하지 않게 오히려 부모님의 이혼에 대한 보상이라도 하듯 예쁜 옷에 맛있는 음식을 먹으면서 자랐다. 하지만 겸이 씨 아버지는 늘 바빠서인지 한 달에 한두 번 딸을 보러올 뿐이었다. 그마저도 토요일 저녁에 왔다가 일요일 아침 일찍 가버려서 겸이 씨는 아버지가 늘 그리웠다. 반면 그리움의 대상인 아버지는 어린 딸이 어떻게 자라는지 관심조차 없는 것처럼 느껴졌다.

겸이 씨가 초등학교 고학년이 되었을 때 아버지는 재혼했고, 그때 겸이 씨를 집으로 데려왔다. 겸이 씨가 그토록 원하던 가족, 남들 보기에 그럴듯한 가족 속에 비로소 포함된 것이다. 친엄마는 아니지만, 다른 친구들처럼 엄마 아빠와 함께 사는 온전한 가족의 일원이 되어 평범하게 생활할 수 있게 되었다. 겸이 씨는 그 사실만으로도 기뻤고 편안했으며 만족했다. 하지만 그 기쁨도 얼마 가지 않았다. 아버지는 여전히 바빴고, 어린 겸이 씨가 새엄마와 어떻게 지내는지 따위엔 여전히 관심이 없었다. 새엄마 역시 겸이 씨를 보살펴주기보다는 겸이 씨가 동생들을 잘 돌보지 않는다며, 설거지나 청소 등 집안일을 하지 않는다며 눈치를 주었다. 나름대로 동생들 숙제도 봐주고 준비물도 챙겨주고 했는데, 겸이 씨가 어쩌다 깜빡하고 설거지를 못 해놓거나 동생들 숙제가 안 돼 있으면 새엄마는 아빠에게 겸이 씨가 말을 안 듣고 속 썩인다고 말했다. 그럴 때 아빠는 새엄마 눈치가 보였는지 겸이 씨를 감싸주기보다 혼을 냈다. 억울해서 새엄마에게 따지고 싶었지만, 겸이 씨는 아버지가 자기 때문에 불편할까 봐 걱정이 되었다. 그래서 '나만 참으면 된다. 혼자 불편한 게 낫다'라는 생각으로 하고 싶은 말을 꿀꺽 삼키곤 했다.

《너 왜 울어?》의 아이도 마찬가지였다. 목에 찬바람 들어가니까 떠들지 마라, 병원 가기 싫으면 입 다물고 얌전히 걸어라, 땅바닥에 떨어진 건 아무것도 줍지 마라, 시간 없으니까 빨리 걸어라. 엄마는 아이에게 계속 잔소리를 하지만 아무런 대꾸가 없다. 그런데도 엄마는 아이 행동을 하나하나 지적하고, 아빠한테 일러서 혼나게 할 거라고 말한다. 결국 아이는 집으로 돌아오자마자 울음을 터뜨렸다.

엄마는 해달라는 거 다 해줬는데 운다며 또 화를 낸다. 아이는 창살 안에 갇힌 것처럼 엄마 치마폭을 붙잡고 늘어진다.

겸이 씨도 소중한 사람에게 자신이 온전히 받아들여지는 경험을 하면서 심리적 안정감을 느끼고 싶었다. 그러면서도 다른 사람들이 자신을 따뜻한 눈빛으로 바라보고 자기 이야기에 귀 기울여주고 관심을 보여주길, 고개를 끄덕이거나 "그랬구나"라는 말 한마디를 해주기를 끊임없이 원했다. 겸이 씨는 아버지나 고모, 새엄마 등 주변 사람들에게 자신의 불편함이나 바람 등 속마음을 털어놓은 적이 없다. 고모는 늘 혼내기만 해서, 아버지는 어색하고 불편해서, 그리고 새엄마는 눈치가 보여서 참기만 했다. 자기가 원하는 것을 표현하면 버림받을까 봐 거절당하거나 비난받을까 봐 겁이 나고 불안했기 때문에 그럴 수가 없었다.

겸이 씨나 엄마의 잔소리만 듣고 사는 주인공처럼 자신도 모르는 사이 오랫동안 거절이나 외면을 당한 사람은 자신이 원하는 것을 표현하기가 쉽지 않다. 우선은 자신의 이야기를 가장 잘 들어줄 만한 사람, 함께 있을 때 전적으로 믿고 안심할 수 있는 사람을 단 한 사람이라도 찾아서 반복적으로 연습해야 한다. 가족이 제일 편하고 좋겠지만, 가족에게 상처를 받은 사람은 이마저도 쉽지 않다. 친한 친구나 선생님, 상담사 등 자신의 어려움이나 상처에 관한 이야기를 따뜻한 눈길로 들어줄 대상을 찾아서 자신의 욕구나 바람을 표현하는 연습을 반복해야 한다. 대상이 많으면 좋겠지만 한 사람이라도 충분하다. 반복해 연습하다 보면 내면의 힘이 조금씩 생겨나면서 점점 더 단단해지기 때문이다.

겸이 씨는 상담받는 동안 계속해서 노력했다. 주변 사람들이 이제껏 자신에게 했던 말들이 늘 옳고 맞는 말은 아니라는 사실을 떠올리며, 그에 맞서는 자신만의 생각을 이야기하려고 노력했다. 그러면서 다른 사람에게 맞추기 위해 희생하고 양보하는 일에서 조금씩 벗어나기 시작했다. 자기 목소리를 내기 시작하면서 우울에서 벗어났고, 마지못해 하는 일이 아닌 자기가 진짜 하고 싶은 일을 찾아냈다. 기초가 없어서 날마다 쩔쩔매며 울먹이긴 하지만 그런데도 포기하지 않고 끝까지 해내고 싶다는 바람으로 시간만 나면 책상 앞에 앉아 이리 고민하고 저리 연구하며 희망을 꿈꾸게 되었다.

그림책 심리처방전

하나 자기가 원하는 것을 부모나 가족 등에게 표현해보세요. 말하는 속도나 목소리 크기, 표정 등을 달리하면서 어떻게 전달해야 가장 효과적인지 점검해보세요.

둘 자신의 이야기를 들어줄 사람이 없다면 인형을 상대로, 인형마저 없다면 두 개의 빈 의자를 왔다 갔다 하면서 역할을 달리하며(1인 2역을 하며) 예상되는 상대방의 반응에 따라 연습해보세요.

15

열다섯 번째 상담

모든 걸 함께하고 싶어 해서 부담스러워요

적당한 거리 유지하기

《곰씨의 의자》

노인경 글·그림, 문학동네, 2016

40대 초반의 윤아 씨는 10여 년 전에 남편의 외도로 이혼한 후 오랫동안 딸아이 하나만을 바라보며 혼자 살았다. 애지중지 딸을 키우는 윤아 씨를 보며 주변 사람들은 혼자 살기엔 너무 젊은 나이라며 다른 사람을 만나보라고 권했다. 그때마다 윤아 씨는 전남편이 너무 속을 썩여서 그런지 남자는 생각만 해도 진저리가 난다며 들어보려고도 하지 않았다. 지금처럼 딸과 별 탈 없이 사는 게 행복이라 생각하며 하루하루 편안하게 생활하고 있었다. 《곰씨의 의자》의 주인공 곰씨도 자신의 생활에 하루하루 만족하며 살고 있었다. 곰씨는 햇살 좋은 날 좋아하는 의자에 앉아 시집을 읽는 것을 좋아했다. 차를 마시며 음악을 들으면서 평화로운 시간을 보내는 것도 좋아했다.

윤아 씨도 곰씨처럼 자신의 공간에서 나름대로의 일상을 보내는 것에 만족하며 지냈다.

그런 윤아 씨에게 놀라운 변화가 생겼다. 누가 뭐라 그래도 남자 따위는 거들떠보지도 않던 윤아 씨에게 어떤 남자가 눈에 들어오기 시작했다. 평화로운 나날을 즐기고 있던 곰씨 앞에 커다란 배낭을 멘 토끼 한 마리가 나타난 것처럼. 곰씨가 좋아하는 의자에 앉아 있을 때 그 앞으로 너무 지쳐 보이는 탐험가 토끼 한 마리가 지나갔다. 곰씨는 온화한 목소리로 탐험가 토끼에게 잠시 쉬었다 가라고 권했다. 윤아 씨도 그 남자에게 함께 시간을 보내자며 조심스럽게 제안했다. 몹시 지쳐 있던 탐험가 토끼가 곰씨의 제안을 흔쾌히 받아들였던 것처럼 윤아 씨가 용기를 내자 그 남자도 흔쾌히 데이트에 응했다. 그렇게 윤아 씨는 몇 번 데이트하면서 자신도 모르는 사이에 앞으로 남은 인생을 이 남자와 함께하면 좋겠다고 생각하기 시작했다.

곰씨와 탐험가 토끼가 의자에 나란히 앉아 쉬고 있을 때 그 앞으로 무척 슬퍼 보이는 무용가 토끼가 나타났다. 탐험가 토끼가 무용가 토끼를 위로해주면서 둘은 사랑에 빠졌고 결혼을 했다. 곰씨는 숲속에 보금자리를 마련한 두 토끼를 진심으로 축하해주었다. 토끼 부부가 아이들을 낳으면서 곰씨는 차 마시는 걸 즐기기 어려워졌다. 조용히 음악을 감상하기도 어려워졌다. 토끼 부부와 아이들은 날마다 곰씨의 의자를 찾아와서 즐겁게 놀다 갔지만 곰씨는 더 이상 즐겁지 않았다.

윤아 씨와 그 남자 역시 같은 마음이어서 곧 결혼 이야기를 주고받기 시작했다. 오랜만에 사람 사는 것 같은 기분이 들 정도로 하루하루가 설렘으로 가득 찬 나날을 보냈다. 윤아 씨는 모든 일이 잘 풀려나가는 것 같아 행복했다. 그러나 재혼 이야기가 본격적으로 나오기 시작하면서 윤아 씨는 무언가가 불편해지기 시작했고, 한창 신혼을 즐겨야 할 시기임에도 불구하고 어느 날부터인가 입맛도 뚝 떨어지고, 잠도 잘 오지 않았다. 가슴이 옥죄여서 숨쉬기가 힘든 날도 있어서, 윤아 씨는 이러다가 갑자기 죽는 거 아닌가 싶어 병원 진료를 받았다. 하지만 시원하게 원인은 찾지 못하고 심인성 질환이라는 이야기만 들었다.

더 이상 평화로운 나날을 보낼 수 없게 된 곰씨는 토끼들에게 하고 싶은 말이 있었지만 차마 입 밖으로 내뱉을 수가 없었다. 그래서 다른 방법으로 토끼들이 의자에 못 앉게 하려고 이런저런 시도를 했지만 모두 실패로 돌아갔다. 윤아 씨도 혼자 견디다 견디다가 상담을 하러 왔다. 자신이 왜 이렇게 힘든지 알아내기 위해 상담하면서 윤아 씨는 남편에게 좋은 아내가 되길 바라는 자기 마음 때문임을 알게 되었다. 곰씨가 세상에서 다시없을 만큼 친절한 곰이 되고 싶었던 것처럼 윤아 씨도 남편에게 더할 나위 없이 좋은 아내가 되고 싶어서 남편에게 모두 맞춰주고 있었다는 사실을 깨닫게 되었다.

그 사실을 깨달은 윤아 씨는 어떻게 하는 것이 모두를 위한 일인지 생각해본 끝에 곰씨가 토끼들에게 자신의 속마음을 이야기한 것처럼 용기를 내보기로 했다. 무엇이든 함께하기를 바라는, 그래서 거의 24시간 내내 붙어 있기를 바라는 남편에게 어떤 부분이 불편한지, 그리고 원하는 것을 하나하나 이야기하기로 했다. 전부인의 외도로 이혼하게 된 남편은 윤아 씨가 전부인처럼 바람을 피우면 어떻게 하나 걱정이 되어서 위치추적 앱을 깔자고 요청을 했는데, 윤아 씨는 남편이 자신을 못 믿는 것 같아서 서운하고 속상했다. 그리고 자신이 밖에 나갈 때마다 영상통화를 걸어서 누구랑 어디에서 무엇을 하고 있는지 확인하려고 하는 것이 영 불편했다. 남편도 영상통화로 자기가 어디에서 무엇을 하고 있는지 바로바로 알려주거나 스피커폰으로 통화하며 윤아 씨 역시 자기처럼 하길 바랐다. 그래서 대놓고 불편하다고 말하기 힘들었지만, 용기를 내어 자기 생각을 말하기로 결심했다.

누군가와 결혼을 하고 부부가 된다는 것은 친밀감을 형성하는 과정이며, 결혼생활을 유지한다는 것은 이 친밀감을 발현시킨다는 것을 의미한다. 친밀감이란 상대방과의 정서적 교류를 할 수 있도록 만들어주고, 이를 즐기고 유지하도록 하는 능력을 말한다. 발달심리학자이자 정신분석학자인 에릭 에릭슨(Erik Erikson)의 주장에 따르면, 이런 친밀감은 대개 청년기, 즉 20세부터 40세까지 꾸준히 발달하는데, 사람들은 친밀감을 통해 나와 배우자, 그리고 가족이나 친구 등과 관계를 맺을 수 있다. 친밀감은 좋은 사이를 유지하게도 만들지만, 그 관계에 몰두하게도 한다. 그러나 사람마다 친밀감의 발달 정도나 속도는 각기 다르다. 그렇기에 이상적인 부부 또는 행복해 보이는 가족이라고 할지라도 각자가 느끼는 이상적인 심리적 거리는 서로 다르다. 부부, 가족이기 이전에 각각 독립적인 존재이므로, 친밀감을 형성하고 유지하는 능력이 다를 수밖에 없음을 인정하고 서로의 다름을 존중해야 한다. 이를 위해선 자신이 친밀감을 느끼는 방법이나 거리에 대해 솔직하게 털어놓고 절충할 필요가 있다. 물론 그전에 자신의 마음을 잘 보살피고 편안하게 생활할 수 있는 심리적 거리가 어디까지인지 스스로 생각해보고 관찰해야 한다. 그리고 상대방의 상태를 감지하고 이해하고 공감하기 위해 꾸준히 노력해야 한다.

그림책 심리처방전

하나 정서적으로 친밀감을 느끼기 위해선 상대방의 마음을 읽고 그 사람의 생각과 의견을 공유하는 습관을 들여야 해요. 상대방에게 이해받은 경험이 있는지, 언제 어떤 상황에서 그런 느낌을 받았는지 가족끼리 이야기를 나눠보세요.

둘 누군가와의 갈등 관계에 있을 때 그 문제는 어디에서 어떻게 비롯되었는지 생각해보세요. 그리고 그 갈등을 해결하기 위해 이제껏 어떤 방법을 사용했는지 점검해보세요.

16

열여섯 번째 상담

내 의도를
추측하지 않았으면 좋겠어요

인지적 오류 수정하기

《창문으로 넘어온 선물》

고미 타로 글·그림, 이종화 옮김, 비룡소, 2000

30대 후반의 유진 씨는 남편과 텔레비전을 보면서 연예인이나 프로그램에 관한 생각을 자주 나누곤 한다. 그런데 이야기를 하다가 남편이 갑자기 기분 상하게 하는 말을 할 때가 있어서 종종 싸우기도 한다. 남편이 여자 연예인을 보고 “저 여잔 코가 오뚝해서 예뻐”라고 말하면 유진 씨는 “지금 내 코가 낮아서 못생겼다는 이야기야?”라며 화를 낸다. 하루는 “저 가수 아버지가 폭력적이어서 어릴 때 엄청 맞고 자랐대. 도대체 저 사람 아버지는 어떤 사람일까?”라고 유진 씨가 먼저 질문을 하니 남편이 “아마도 군인이나 운동선수가 아니었을까?”라고 대답을 했을 때도 유진 씨는 화를 냈다. 자기 아버지가 군인인 걸 뻔히 알면서도 남편이 그렇게 말하는 것은 유진 씨

아버지가 폭력적이라고 이야기하는 거라 생각했다. 그러면서 남편이 유진 씨와 장인어른을 평소 어떻게 생각했는지 짐작 간다며 언성을 높였다. 남편은 그게 아니라고 말하지만, 유진 씨가 생각하기에는 남편이 자신을 비난하거나 무시해서 그런 말을 한 것 같다며 더 이상 남편 이야기를 들으려 하지 않았다.

이런 일이 반복되다 보니 남편 입장에선 유진 씨와 이야기하기가 겁이 나고 꺼리게 되었다. 유진 씨가 일부러 트집을 잡는 것 같아 짜증이 나기도 하고, 말도 안 되는 이유를 들며 따지는데 도저히 이해가 되지 않아서 답답하다고 했다. 도대체 어떻게 해야 유진 씨와 갈등 없이 지낼 수 있을지, 그게 가능하기는 한 건지 질문을 했다. 유진 씨 남편은 남들처럼 퇴근하고 집에 가면 편안하게 쉬고 싶은데, 유진 씨 때문에 날마다 살얼음판을 걷는 기분이라고 말했다. 유진 씨는 오히려 남편이 자기를 이상한 사람 취급한다며 기분 나빠했다. 자기가 말만 하면 꼬투리 잡아 싸우려 한다면서 남편이 아예 자기 이야기를 안 들으려고 한다고 불평하며 누가 이상한지 검사 좀 해달라고 했다.

《창문으로 넘어온 선물》의 주인공은 산타 할아버지다. 산타 할아버지는 신세대 할아버지라 루돌프 대신 헬리콥터를 타고 다니면서 동물들에게 크리스마스 선물을 나눠준다. 굴뚝을 타고 내려가 선물을 주는 대신 할아버지는 창문 너머로 슬쩍 보고 지레짐작하여 그

집에 사는 동물에게 알맞은 선물을 창문으로 넣어준다. 산타 할아버지가 제일 먼저 선물을 주기 위해 간 집은 생쥐네 집이었다. 창문으로 보이는 생쥐 얼굴을 보고 할아버지는 "여기는 찍찍이네 집이로군" 하며 찍찍이를 위한 멋진 장화를 선물로 주고 간다. 유진 씨도 할아버지처럼 자기 생각이 옳다고 생각하고 행동한다. 이제껏 보아온 남편의 모습이 있으니 그것을 바탕으로 짐작했을 때 틀릴 리가 없다고 생각하는 것이다. 할아버지 역시 자신의 추측이 틀릴 것이란 생각은 꿈에도 하지 못하고 계속해서 다른 동물의 집을 방문하고, 자기 짐작대로 선물을 준다.

할아버지는 두 번째로 방문한 집이 야옹이네 집이라고 생각하고 야옹이에게 잘 어울릴 만한 리본을 선물한다. 그런데 그 집에는 야옹이가 아니라 돼지가 살고 있었다. 야옹이 그림이 그려진 티셔츠를 입고 침대에 누워 잠을 자고 있었는데, 집밖에서 보니 야옹이 얼굴밖에 안 보여서 할아버지는 야옹이 집이라고 생각했다. 그 이후로도 할아버지는 창문 너머로 보이는 단서로만 집주인을 유추해서 선물을 나눠주지만 번번이 틀리고 만다. 찍찍이 이후로 한 번도 맞추지 못한 할아버지는 곰에게는 선물을 안 주기도 하고, 꼬마 남자아이 집에는 선물을 두 개나 주는 실수를 한다. 유진 씨도 할아버지와 같은 실수를 계속하지만 자기가 잘못 생각한다는 의심을 한 번도 하지 않는다.

인지치료의 창시자인 아론 벡(Aaron Beck)은 역기능적인, 즉 비합리적 사고는 우리에게 도움이 되지 않는다고 주장했다. 비합리적 사고 가운데 특히 인지적 오류는 우리가 경험하는 생활 속 사건을 과거의 여러 경험을 바탕으로 해석하고, 받아들이고, 기억하는 과정에서 오류를 범하게 한다고 말했다. 똑같은 사건이라도 인지적 오류가 있으면 사람들은 그 사건이나 상황을 비합리적으로 해석하거나 융통성 없이 받아들이게 된다. 그 결과 분노, 집착, 긴장, 슬픔 등과 같은 부정적 감정에 쉽게 빠지는 부작용이 발생한다. 일상생활에서 흔히 저지르는 인지적 오류에는 여러 가지가 있으나 가장 대표적인 예가 바로 흑백논리처럼 중간이 없이 극단적으로만 생각하는 이분법적 사고, 증거가 충분하지도 않은데 성급하게 결론을 내며 일반화시키는 과잉일반화 등이 있다. 이런 인지 오류는 대부분 불안이나 우울, 관계 갈등 등을 초래하기 때문에 합리적인 사고로 바꾸려고 의식적으로 노력하면서 인지 재구조화를 해야 한다.

자기가 생각한 대로 또는 계획한 대로 완벽하게 일 처리를 하지 못하면 완전히 실패했다고 생각하면서 좌절하는 경우가 많다. 이런 모습은 완벽주의 성향의 사람들에게서 자주 볼 수 있다. 이들은 세상을 흑과 백으로만 나누어 생각하기 때문에 검은색과 하얀색 사이에는 제3의 색깔인 회색이 존재한다는 사실을 간과하기 때문이다. 그러나 세상에는 회색도 존재할 뿐만 아니라 회색에도 하얀색에 가까운 회색부터 진한 회색까지 다양한 회색이 있다. 그러므로 이 사실을 기억하며 융통성과 다양성을 적용할 수 있어야 한다. 또 어떤 상황을 분석하거나 자신이 선택한 자료가 다른 사건이나 상황, 처지, 환경 등에 적용해볼 때, 대부분 적용할 수 있는지 점검하고 긍정적인 부분을 걸러내고 부정적인 부분을 선택하는 것이 자신에게 어떤 도움이 되는지 꼼꼼히 따져보고 결론을 내리는 것이 좋다. 다른 사람의 행동이나 비언어적인 부분을 통해 그 사람의 생각이나 의도를 임의로 추측하거나 어떤 사건의 부정적 결과를 예측하는 경우, 자신이 짐작하는 것이 사실인지 직접 확인해보는 것이 좋다.

그림책 심리처방전

하나 자신이 자주 하는 생각 가운데 인지적 오류에 해당하는 것은 무엇이 있는지 점검해보세요. 그리고 그것을 어떤 식으로 바꾸면 좋을지 고민해보세요.

둘 이제껏 살면서 자기 생각이나 짐작이 맞았던 경우도 있지만, 그렇지 않은 예외의 경우도 많았을 거예요. 자기 예상과 다른 예외의 경우는 언제였는지 생각해보고 그런 일이 있었음에도 가볍게 여기며 그냥 흘려보낸 까닭은 무엇인지 생각해보세요.

17

열일곱 번째 상담

더이상 내 욕구를 감추고 싶지 않아요

내면의 목소리 찾기

《줄무늬가 생겼어요》

데이빗 섀논 글·그림, 조세현 옮김, 비룡소, 2006

어느 날 30대 초반의 은주 씨가 상담실을 찾아왔다. 상담실 문을 조심스럽게 열고 들어온 은주 씨는 다른 내담자와 달리 쭈뼛쭈뼛하면서 어디에 앉아야 하는지 물었다. 자신의 이야기를 풀어놓으면서도 내 반응을 연신 살피며 자세가 조금만 달라져도 흠칫흠칫 놀라곤 했다. 은주 씨는 회사 출근과 동시에 동료들의 말 한마디 한마디가 신경 쓰였고, 상사의 표정 하나에도 신경을 곤두세우며 근무를 했다. 늘 긴장 상태로 있었기 때문에 퇴근 후 집에 오면 녹초가 되기 일쑤였다. 집에서도 부모님과 부딪히지 않으려고 노력했다. 부모님이 어쩌다 한마디씩 하는 말들도 며칠씩 가슴에 돌덩이처럼 얹혀 있기 때문이다. 은주 씨는 늘 주변 사람들의 인정과 칭찬에 목말라하는 일상이 너무 피곤하고 힘들었다. 그래서 상담실 문을 두드리게 되었는데, 자신의 하루하루는 왜 이토록 힘들고 지치는지 알 수 없다고 말했다.

《줄무늬가 생겼어요》의 주인공 카밀라는 언제나 다른 사람들의 시선과 평가에 민감하게 반응한다. 아욱 콩을 좋아하지만 친구들이 모두 아욱 콩을 싫어하기 때문에, 카밀라 역시 아욱 콩을 먹지 않는다. 다른 사람들이 자기를 어떻게 생각하는지 언제나 신경 쓰는 카밀라는 아욱 콩이 먹고 싶어도 꾹 참는다. 새 학기가 시작되는 날에도 어떤 옷을 입어야 할지 정하지 못한다. 친구들에게 잘 보이기 위해 옷을 마흔두 번이나 갈아입고도 마음에 드는 옷을 고르지 못한다. 그러다가 예쁜 빨간 옷을 입고 거울을 봤는데, 카밀라는 너무 놀라 소리를 지르고 만다. 온몸에 줄무늬가 생기는 '줄무늬병'에 걸린 것이다. 머리부터 발끝까지 줄무늬가 생겨서 카밀라는 무지개처럼 보였다. 학교 가는 첫날을 놓치기는 싫었지만, 학교에 가지 말라는 엄마의 말에 한시름 놓았다. 이런 이상한 모습으로 어떤 옷을 입어야 할지 고민스럽기도 하고 다른 아이들이 뭐라고 할 것인지 걱정되었기 때문이다.

은주 씨는 어릴 때부터 지금까지 부모님, 특히 아버지의 시선에서 자유로운 순간이 한 번도 없었다. 서른이 넘은 나이에도 아버지는 그녀가 하는 일마다 사사건건 간섭했고, 날마다 "이거 해라, 저거는 하지 마라"라는 잔소리를 하곤 했다. 그런 아버지가 너무 싫고 짜증 나지만, 그녀는 사춘기 시절에도 순응하면서 복종의 세월을 보냈기에 이제껏 한 번도 아버지 말에 반박하지 않았다. 그 결과 회사에서도 다른 사람들이 하는 말들을 부정하거나 거절하지 못했다. 특히 상사가 하는 이야기는 무조건 해야 하는 것으로 생각하며 불만이 있어도 그냥 따랐다.

카밀라의 엄마는 나돌팔 의사 선생님의 진찰을 받고 학교에 가도 된다고, 며칠 동안 연고를 바르면 줄무늬가 없어질 거라는 말을 듣고 다음 날 카밀라를 학교에 보낸다. 줄무늬병에 걸린 채 학교에 간 카밀라를 친구들은 신기한 듯 쳐다보며 웃었다. 그러면서 카밀라를 '카밀라 크레파스' 또는 '살아 있는 막대사탕' 등으로 부르며 놀렸다. 더 끔찍한 일은 국기에 대한 맹세를 할 때 줄무늬들이 빨간색, 하얀색, 파란색으로 변하더니 별 모양으로 쪼개지는 일까지 생겼다. 이런 일까지 생기자 아이들은 굉장하다면서 카밀라에게 이런저런 모양으로 변신을 요구했다. 그때마다 카밀라의 줄무늬는 친구들이 말하는 대로 사각형, 물방울, 별로도 바뀔 뿐만 아니라 텔레비전 채널이 바뀌듯이 카밀라 몸이 휙휙 바뀌기까지 했다. 친구들의 시선이 쏠리자 카밀라는 물론 선생님도 수업을 진행하기가 점점 힘들어졌다. 엎친 데 덮친 격으로 다른 학부모들이 카밀라의 줄무늬병에 관한 이야기를 듣고 교장 선생님에게 항의 전화를 하면서 카밀라는 학교에 못 가게 된다. 이틀 전까지만 해도 모두 카밀라를 좋아했는데 줄무늬병이 전염될까 봐 아무도 같이 있으려고 하지 않자 카밀라는 속상해서 어쩔 줄 모른다. 아빠가 그런 카밀라를 달래려고 먹고 싶은 것이 없냐고 물어보지만, 아욱 콩 한 그릇을 먹고 싶은 카밀라는 또 꾹 참는다. 은주 씨도 자기가 하고 싶은 일이 있음에도 불구하고 아버지가 싫어하고 반대하기 때문에 어릴 때부터 참는 게 버릇이 되었다. 변화를 시도하려고 나름대로 노력해봤지만, 그때마다 아버지의 불호령에 번번이 실패하고 말았다. 학교에서도 회사에서도 권위자들을 보면 매번 주눅이 들곤 했다. 그러다가 증상이 점점 심해져 이제는 친구나 동기의 말 한마디 행동 하나에도 예민하게 반응하기에 이르렀다.

꼼짝없이 집에만 틀어박혀 있는 카밀라를 여러 분야의 전문가들이 치료한답시고 들이닥치지만 모두 실패하고 만다. 시간이 흐를수록 이 일은 일파만파로 퍼지면서 방송국에서 취재를 나올 정도로 많은 사람에게 알려지고 집 앞은 사람들로 문전성시를 이룬다. 병을 고치기 위해 온갖 일을 겪던 어느 날, 카밀라는 병을 고칠 수 있다고 자신 있게 말하는 한 할머니를 만난다. 그리고 마침내 진짜 자기 모습을 드러낼 수 있는 용기를 얻게 되고 자신을 있는 그대로 보여주며 행복한 삶을 살아갈 수 있게 된다.

우리는 가끔 타인의 시선과 평가를 신경 쓰느라 정말 신경 써야 할 진짜 모습을 잃어버릴 때가 있다. 타인의 시선에 갇힌 나 때문에 진짜 내가 어떤 사람인지를 잊어버리는 것이다. 1997년 미시간대학교 교수인 바버라 프레드릭슨(Barbara Fredrickson)과 콜로라도대학교 교수인 토미앤 로버츠(Tomi-Ann Roberts)는 이런 사람들, 특히 여성들의 모습을 '자기 대상화 이론'으로 설명했다. 다른 사람들의 시선에 의해 살아가는 사람들은 시간이 흐르면 그 시선들을 점진적으로 내재화하면서 자기 생각과 느낌, 욕망과 목표 등을 지닌 진짜 사람으로 보지 못하게 된다. 그 결과 자기 스스로를 다른 사람들에게 평가받는 대상으로 간주하려는 경향을 보이면서 자신도 모르는 사이 습관적으로 다른 사람들의 평가 잣대로 자신을 감시하게 된다. 다시 말해 지나친 자기 대상화는 자신을 타인의 눈으로 바라보고 평가하면서 타인의 관점을 중요하게 여기기 때문에 스스로를 힘들게 한다는 뜻이다.

은주 씨는 상담을 받으면서 서른이 넘도록 자신을 지독하게 따라다니는 아버지의 눈과 목소리에서 벗어나기 위해 노력했다. 그리고 타인으로부터 인정받기 위해 자신의 삶을 피곤하게 만들지 않는 동시에 모든 이에게 사랑받아야 한다는 생각을 조금씩 버리려 노력했다. 그녀는 다른 사람이 자신을 인정한다고 해서 자신이 더 나은 사람, 더 좋은 또는 더 훌륭한 사람이 되는 것이 아니란 사실을 점차 깨닫기 시작했다. 그렇게 그녀는 타인의 욕구를 충족시킴으로써 자신이 사랑받을 만한 사람임을 확인하려는 행동을 멈추었다. 그 대신 자신의 욕구에 따뜻한 관심을 기울여나갔다. 은주 씨는 마음이 시키는 일, 진짜 하고 싶은 일을 할 때마다 잘못을 지적하는 따가운 목소리 대신 자신을 격려하고 지지하는 목소리로 채워나가면서 점점 삶의 활력을 찾았다.

그림책 심리처방전

하나 지금까지 다른 사람에게 인정받기 위해 애쓴 것들에는 어떤 것이 있었나요? 하나씩 글로 적은 다음, 다른 사람들의 인정을 받아야만 내가 더 가치가 있는지 반문해보세요.

둘 타인의 시선을 무시하고 자기 내면의 소리에 귀 기울이기 위해 무엇을 하면 좋을까요? 자신에게 집중할 수 있는 장소에서 이제껏 수고한 자신을 인정해주고 칭찬해주는 시간을 가져보세요.

18

열여덟 번째 상담

내 주변의 모든 것이 마음에 들지 않아요

새로운 관점으로 바라보기

《행복을 나르는 버스》

맷 데 라 페냐 글, 크리스티안 로빈슨 그림, 김경미 옮김, 비룡소, 2016

대학 졸업반인 미정 씨는 편의점에서 물건을 훔치다가 잡혀 경찰에 신고를 당했다. 공부를 썩 잘하지는 않지만 지방 국립대에 갔고, 장학금 탈 정도는 아니지만 학점이 나쁜 것도 아니어서 그런대로 잘 지낸다고 생각했는데 갑자기 이런 일을 겪으니 미정 씨 부모님은 많이 당황했다. 어떻게 해야 할까 걱정되는 마음에 부모님이 먼저 상담을 의뢰했다. 다행히 미정 씨도 순순히 응했고, 자신도 지금처럼 살아선 안 되겠다며 변화에 대한 의지를 보였다. 상담센터 예약을 하고서도 안심이 안 되었는지 부모님은 미정 씨를 데리고 신경정신과에 가서 약물 처방을 먼저 받았다. 미정 씨는 첫 상담에서 자신은 멀쩡한데 엄마 아빠가 자신을 정신병자 취급하는 것 같아서 기분이 나쁘다고 말했다. 신경정신과 의사 역시 1분가량 진료하면서 자신에 대해 이러쿵저러쿵 말하는 게 황당하다며 화를 냈다. 물론 약물을 처방하기 전에 심리검사를 하긴 했는데, 자기가 대충 거짓말로 작성했고 의사는 알아차리지도 못했다면서 의사를 더더욱 믿을 수 없다고 말했다. 미정 씨는 자신을 둘러싼 모든 것이 마음에 들지 않는 것처럼 보였다.

《행복을 나르는 버스》의 주인공 시제이도 자신을 둘러싼 환경에 불만이 많다. 예배를 마치고 교회를 나섰을 때 빗방울이 떨어지면서 셔츠가 젖기 시작하자 시제이는 비를 피해 할머니의 우산 속으로 들어가며 비가 많이 와서 옷이 축축해졌다고 투정을 부린다. 버스 정류장에서 지나치는 자동차들을 보다가 친구 콜비네 자동차가 지나가자 왜 우리는 자동차가 없냐고 할머니에게 물어본다. 버스를 타고 가면서도 시제이는 할머니에게 예배가 끝나고 왜 우리는 무료 급식소에 가냐고, 친구 미구엘이나 콜비는 안 가는데 왜 자기만 가야 하느냐고 묻는다. 음악을 들으며 버스에 탄 형을 보면서 시제이는 자기도 음악을 듣고 싶다고 말한다. 버스에서 내려 무료 급식소에 가는 동안에도 왜 주변이 지저분하냐고 투덜거린다.

미정 씨는 자신이 잘못된 행동을 할 수밖에 없었던 것은 부모님이 자식들을 제대로 돌보지 않아서라고 이야기했다. 맞벌이하면서 바쁘게 사느라 자식들을 방임해서 자신이 외로운 마음에 비뚤어질 수밖에 없었다고 탓했다. 그러나 상담을 진행하면서 부모님이 맞벌이였기에 자식들에게 많은 관심을 쏟지 못해서 미안한 마음에 운동회나 학예회, 공개수업 만큼은 빠지지 않고 왔다는 기억을 떠올렸다. 1년에 몇 번 되지는 않지만, 자식들을 데리고 캠핑이나 낚시 등을 가서 추억거리를 만들어주려고 두 분이 티격태격 싸우면서도 어떻게든 시간을 맞췄던 모습을 기억해냈다.

시제이의 할머니는 시제이와 똑같은 환경에서 시제이와 함께 살고 있지만, 시제이의 불만 가득한 질문에 항상 다른 식으로 대답을 하곤 했다. 비가 많이 와서 옷이 축축하게 젖는 상황에서도 할머니는 목마른 나무들이 비를 쭉쭉 빨아 마시고 있다고 말했다. 자동차 대신 버스를 탈 때도 할머니는 시제이를 위해 마술을 보여주는 운전기사 아저씨와 시제이가 좋아하는 불 뿜는 악어 버스가 있다는 사실을 알려줬다. 다른 아이들은 가지 않는 무료 급식소에 왜 가야 하냐고 묻는 시제이에게 할머니는 이런저런 사람들을 만나 좋은 시간을 가질 수 있다고 이야기해주었다. 버스 안에서 마법 같은 음악을 아저씨의 기타 연주로 들을 수 있고, 지저분한 거리를 지나면서도 무지개처럼 사람들이 무심코 지나치기에 알아보지 못했던 아름다운 것을 찾아냈다. 시제이는 자신이 생각지도 못한 곳에서 아름다운 것을 찾아내는 할머니를 신기하게 바라본다. 그리고 지저분하다고 생각했던 급식소 주변을 다시 한번 둘러보면서 "여기 오니까 좋아요"

라고 말하게 된다.

똑같은 상황이라도 어떻게 바라보느냐에 따라 달리 받아들이게 되고 그에 따른 반응이나 효과 또한 달라진다. 부정적인 사고나 관점은 대개 우울 또는 불안 등의 부정적인 감정을 불러일으킨다. 그러므로 의도적으로라도 긍정적으로 바라보며 긍정적으로 수용하는 연습이 필요하다. 어려운 환경에 처해 있더라도 부정적인 시각으로 바라보기보다 어떻게 하면 해낼 수 있을까 하는 긍정적인 생각을 의도적으로 하는 것이 좋다. 긍정적인 생각을 위해서 자신의 강점, 장점, 좋아하는 것이나 잘하는 것 등을 찾는다. 또 가까운 지인들의 모습에서 마음에 들지 않는 부분을 신경 쓰기보다 그 사람이 잘하는 것이나 좋은 점 등을 찾아 칭찬하고 닮아가려고 애쓰는 연습을 하는 것이 좋다. 때로는 절망적인 삶에서 희망을 찾고 성공적인 인생을 살아가고 있는 닉 부이치치와 오프라 윈프리처럼 감사일기를 써보는 것도 좋다.

감사는 대개 긍정적인 시각으로 세상을 바라보게 해 긍정적인 마음을 갖게 한다. 그리고 자신이 가진 것이나 누리고 있는 것에 대해 다시 한번 생각하게 함으로써 자신의 삶을 조금 더 풍요롭고 행복하게 만들어준다. 그래서 감사일기를 쓰다 보면 행복 지수가 저절로 높아진다. 인간의 뇌는 부정적인 생각과 행복한 생각을 동시에 할 수 없기 때문에 감사일기를 쓰면 긍정적인 사고와 감정에 집중하면서 행복 지수가 높아진다. 감사할 수 있는 일을 찾아내고 이를 글로 쓰는 과정 동안 긍정적인 감정에 온전히 집중하기 때문이다. 그동안 당연하게 여기면서 무감각했거나 무심하게 여겼던 행복 거리를 찾아내고 알아차리면서 긍정적인 사고 패턴을 익혀 행복한 삶을 살아갈 수 있게 된다. 감사일기는 매일 아침 또는 잠자리에 들기 전 5분 정도의 시간을 할애해 일상생활에서 자신이 경험하는 일 가운데 감사한 일을 찾아내서 쓰면 된다. 그렇게 하루 일과를 감사한 마음으로 행복하게 마무리하면 수면의 질 또한 좋아진다. 하루하루 감사한 나날을 보내다 보면 삶의 가치를 발견하고, 일상생활 속에서 느끼는 스트레스나 상처로부터 빠르게 회복할 수 있으며, 보다 나은 삶의 방향으로 나아갈 수 있게 된다.

그림책 심리처방전

하나 처음에는 조금 억지스럽게 느껴지더라도 감사할 거리를 매일 3~5가지씩 찾아보세요. 돋보기를 활용하듯 의식적으로 일상생활을 찬찬히 들여다보면 소소한 것들을 감사하는 마음으로 받아들일 수 있을 거예요.

둘 자신을 비롯한 지인들의 좋은 점이나 잘하는 점 등을 찾아서 하루 한 번씩 칭찬해보세요. 긍정적으로 생각하면서 긍정적으로 살아가는 연습이 될 거예요.

19

열아홉 번째 상담

실수를 인정하면 나쁜 사람이 돼버리잖아요

잘못에 대한 용서 구하기

《빨간 매미》

후쿠타 이와오 글·그림, 한영 옮김, 책읽는곰, 2008

이제 막 돌 지난 아들을 키우는 정은 씨는 결혼한 지 3년이 되었다. 남편과 깨가 쏟아질 때도 있지만 사소한 일로 다툴 때도 많았다. 정은 씨 부부는 다툼의 시간을 힘겹게 여기기보다 다른 환경에서 자라온 두 사람이 서로를 알아가는 시간으로 생각하며 서로의 다름을 조율하려 노력해왔다. 그런데 최근 들어 다툼이 점점 격해지고 있어 걱정이었는데, 얼마 전 아이에게 읽어줄 책을 구매하다가 또다시 격하게 싸웠다. 정은 씨는 전집으로 책을 사주려 하는데, 남편 지훈 씨는 좋은 책도 많이 나와 있는데 굳이 목돈을 들여 전집을 사야 하냐고 반대했다. 이에 정은 씨는 한 권 한 권 골라서 사려면 얼마나 많은 시간이 필요한지 아느냐, 일일이 정보를 다 찾아봐야 하는데 지훈 씨가 할 것도 아니지 않느냐며 따졌다. 그 과정에서 목소리가 점점 커지고 언쟁이 심해지면서 화가 머리 꼭대기까지 난 정은 씨가 옆에 있던 휴지 갑을 남편에게 던졌다. 지훈 씨를 맞히려고 한 것은 아니었는데 눈가를 맞아서 살짝 상처가 났다. 지훈 씨도 화가 났지만 흥분한 정은 씨를 진정시켜야겠다는 생각에 정은 씨 팔을 잡고 움직이지 못하게 했다. 팔을 잡힌 정은 씨가 세차게 밀쳐 정훈 씨가 벽에 부딪혔고, 머리를 세게 박으면서 쿵 하고 소리가 나자 둘 다 깜짝 놀라 싸움을 멈췄다.

《빨간 매미》의 주인공은 초등학교에 다니는 이치다. 이치는 문구점에 국어 공책을 사러 갔다가 주인아주머니가 전화를 받는 순간 들고 있던 지우개를 주머니에 슬쩍 넣었다. 아주머니에게 공책을 들고 계산하러 갈 때는 다리가 후들거렸고, 아주머니가 숙제 다 했냐고 물어볼 때도 이치는 고개를 들지 못했다. 집으로 돌아오면서 몇 번이나 뒤를 돌아보았는데, 집에 도착해서 보니 이치는 엉뚱한 공책을 사 왔다는 사실을 알게 되었다. 그렇지만 공책을 바꾸러 문구점에 다시 가진 못했다. 지우개가 갖고 싶은 것도 아닌데 자신도 모르게 지우개를 훔친 이치는 빨간 지우개를 볼 때마다 자꾸 무서워졌다. 여동생 유미가 튜브를 갖고 방으로 들어와 수영장에 가자고 할 때도 이치는 허둥지둥 지우개를 주머니에 넣으면서 시끄럽다고 짜증을 내고 동생의 튜브를 내쳤다. 친구 고우와 매미를 잡으러 공원에 갔을 때도 고우가 문구점 아주머니처럼 숙제 다 했냐고 묻자, 이치는 자신이 훔친 빨간 지우개가 생각나 기분이 울컥해져서는 매미 날개를 확 떼어버렸다.

정은 씨는 이 일이 있고 나서 자신의 폭력적인 행동에 스스로 놀랐다. 아무리 화가 나더라도 하면 안 되는 행동을 했다는 생각에 죄책감이 들었다. 당연히 남편에게 사과해야 하지만, 막상 용서를 구하려니 차마 입이 떨어지지 않았다. 미안한 마음에 남편을 보는 것이 민망하고 대하는 것이 어색해 함께 있는 자리를 자꾸 피했더니 사과하기가 더 어려워졌다. 이런 정은 씨 마음을 알았는지, 다시는 이런 일이 있으면 안 되겠다는 생각에서였는지 지훈 씨가 먼저 상담을 제의했다. 정은 씨는 용기를 내 남편과 함께 상담을 받으러 왔다. 처음 한 번이 어렵지 두 번, 세 번 반복되면 습관이 될 수도 있으니 다시는 이런 일이 일어나지 않도록 대책을 세워야겠다는 생각이 들었기 때문이다.

이치는 훔친 지우개를 돌려주고 싶었지만 무섭고 창피해서 돌려줄 수가 없었다. 잠자리에 누워서도 몇 번이나 뒤척이다가 겨우 잠이 들었다. 그런데 문구점 아주머니가 이치에게 정말 공책만 사는 것이 맞느냐고 물으면서 이치의 바지 주머니에 손을 쑥 넣는 꿈을 꾸었다. 다행히 아주머니 손 위에는 지우개 대신 날개 없는 빨간 매미가 있었는데, 아주머니는 날개를 가지고 있어서 본드로 매미 날개를 붙여주며 너무하다고 말했다. 날개를 되찾은 빨간 매미는 파닥파닥 소리를 내면서 날아갔다. 매미를 쫓아 밖으로 나가니 눈부신 하늘이 보였다. 이치는 하늘을 올려다보다가 콧속이 근실근실해서 재채기를 하다가 잠이 깼다. 이치는 용기를 내기로 했다. 부엌에서 일하는 엄마에게 빨간 지우개를 보여주며 자신의 잘못을 고백하고, 엄마의 도움을 받아 문구점 아주머니에게 용서를 구했다.

정은 씨도 남편에게 용서를 구하고 싶었다. 자신의 폭력적인 행동이 분명 잘못이란 걸 알지만, 잘못을 인정하면 자신이 나쁜 사람이라는 것을 인정하게 되는 것 같아 사과를 하지 못했다. 실수했다고 모두 나쁜 사람은 아니다. 잘못을 했다면 자신의 일부에 문제가 있는 것이지 전부가 잘못된 것은 아니다. 상담을 통해 이런 사실을 깨닫게 된 정은 씨는 남편에게 어떻게 말해야 할지 미리 사과문을 써서 연습한 끝에 남편에게 용서를 구했다.

용서는 상대방을 비난하거나 해치려는 마음을 내려놓게 한다. 미국 정치철학자인 한나 아렌트(Hannah Arendt)는 행동의 환원 불가능성과 사건의 예측 불가능성을 다루는 인간의 도덕적 능력을 용서와 약속이라 했다. 용서는 죗값을 치러야 하는 과거 행위를 구제하는 힘을 가지며, 같은 잘못을 다시 반복하지 않겠다고 약속하는 능력을 통해 용서의 진실성이 보장된다고 했다. 그리고 이를 통해 안정적인 미래로 나아갈 수 있다. 용서를 구하려면 우선 잘못을 인정하고, 부족함에서 비롯된 잘못으로부터 교훈을 얻어 같은 실수를 다시 반복하지 않겠다는 것을 보여야 한다. 그러려면 가장 먼저 용기를 내 자신이 한 행동을 돌이켜 보면서 그 행동이 상대방에게 어떤 영향을 미쳤을지 생각해봐야 한다. 자신의 어떤 행동이 상대방을 화나게 하거나 상처받게 했는지 정확하게 인지해야 한다. 사과를 할 때는 변명하거나 자책하지 말고 진심을 다해 사과해야 한다. 상대방이 자신의 잘못을 어떻게 받아들였을지 생각하면서 상대방의 화나는 마음을 이해하고 이를 뉘우치는 태도를 보여야 한다. 또 상대방의 응어리진 마음을 풀어주기 위해서 똑같은 일이 반복되지 않도록 구체적인 방지 대책 또는 계획을 밝혀야 한다. 그래야 조금이라도 신뢰를 얻을 수 있다.

상대에게 용서를 구할 때 가장 주의할 점은 쉽게 용서받을 거란 기대를 해서는 안 된다. 이번에 용서해주지 않으면 다시 사과하겠다는 생각으로 실망하거나 좌절하지 않아야 한다. 용서는 상대방의 선택이고 특권이다. 그러므로 상대가 용서해주지 않아도 그럴 수 있다고 인정하며 거듭 노력해야 한다.

그림책 심리처방전

하나 나의 크고 작은 실수나 잘못으로 인해 상처 입은 사람은 없는지 떠올려보세요. 그리고 나의 말이나 행동이 그 사람에게 어떤 상처를 주었을지, 나로 인해 받은 상처를 그 사람은 어떻게 느꼈을지 생각해보세요. 만약 내가 그 입장이 된다면 어떻게 했을지도 생각해보세요. 상대 입장이 충분히 이해가 되었을 때 사과를 해야 합니다.

둘 사과하거나 용서를 구하기 전 미안하다는 말을 어떻게 전할 것인지 글로 또는 말로 연습해보세요. 미안하다고 말하는 것이 익숙하지 않은 사람은 자꾸 반복해서 연습해야 진심을 전할 수 있고, 사과할 때 놓치는 부분이 없어요.

20

스무 번째 상담

함부로 단정 짓거나 판단하지 마세요

고정관념 깨뜨리기

《에드와르도, 세상에서 가장 못된 아이》

존 버닝햄 글·그림, 조세현 옮김, 비룡소, 2006

초등학교 1학년 아들을 키우는 승혜 씨에게 개인 상담을 추천했다. 승혜 씨는 아들 현진이가 초등학교에 입학한 후 친구들과의 갈등으로 불안 증상을 보이는 것 같다며 아이 심리상태를 검사하러 왔었다. 아이가 문제라고 생각했는데, 엄마인 승혜 씨도 상담을 받아야 한다는 말에 어리둥절했고 받아들이기 힘들어했다. 물론 부모가 문제일 수는 있지만, 왜 자신만 상담을 받아야 하냐며 화를 냈다. 부모에게 문제가 있어서 아이와 함께 치료를 받아야 한다면 남편도 받아야 하는 것이 아니냐며 따졌다. 남편은 가만히 두고 엄마인 자기만 상담받으라는 것은 엄마가 잘못해서 아이에게 문제가 있다고 하는 것 같아 상당히 기분이 나쁘다고 했다. 자신은 멀쩡한데 상담사와 센터에서 자신에게 문제가 있다고 말하는 건 무슨 경우냐며 한바탕 난리를 쳤다.

《에드와르도, 세상에서 가장 못된 아이》의 주인공 에드와르도는 어디에서나 만날 수 있는 평범한 아이이다. 이 닭기를 자주 까먹고, 자기보다 작은 아이를 못살게 굴기도 하고, 방을 어지르기도 하고, 동물을 괴롭히기도 한다. 또 가끔 물건을 발로 걷어차기도 하고, 시끄럽게 떠들기도 하는 장난꾸러기다. 그래서 어른들은 에드와르도를 말썽꾸러기 취급하며 화난 표정으로 "이런 지저분한" "이런 심술쟁이" "뒤죽박죽 엉망인" "인정머리 없는 녀석"이라고 손가락질한다. 주변 어른들이 섣부른 판단을 하며 쏟아내는 비난과 질책의 말을 들을 때마다 에드와르도는 속상해하며 점점 더 짓궂은 행동을 한다. 그래서 어른들은 에드와르도를 세상에서 가장 못된 아이라고 불렀다.

그러던 어느 날, 에드와르도가 여느 때처럼 화분을 걷어찼는데 그 화분이 흙이 있는 곳으로 떨어졌다. 마침 그곳을 지나던 한 어른은 전후 사정을 모른 채 에드와르도에게 칭찬과 함께 정원을 가꾸기 시작했냐며 관심을 보였다. 그리고 다른 식물도 심어서 잘 가꾸어보라고 응원과 지지를 해주었다. 이 일이 있은 후 얼마 지나지 않아 에드와르도는 사람들 사이에서 식물을 잘 가꾸는 아이로 소문이 난다. 사람들은 앞다투어 자기네 정원도 봐달라고 부탁할 만큼 멋지게 정원을 가꾸는 아이로 거듭난다. 세상에서 제일가는 말썽꾸러기 에드와르도가 산책 중인 개에게 물을 끼얹는데도 개 주인은 지저분한 개를 씻겨줘서 고맙다며 오히려 칭찬을 한다. 그 이후 이웃의 애완동물을 도맡아 돌봐주는 유명인사가 된다. 또 학교에서 에드와르도는 자신보다 어린아이인 알렉을 세게 밀어냈는데, 공교롭게도 바로 그때 교실 전등 하나가 알렉이 서 있던 자리로 떨어졌다. 에드와르도는 날쌘 동작으로 알렉을 구해낸 영웅이 되었고 그때부터 에드와르도는 동생들을 잘 돌봐주는 의젓한 형이 된다. 에드와르도가 잘하려고 작정한 건 아니지만, 우연히 한 일이 좋은 일이 되면서 칭찬을 들은 뒤 조금씩 변하기 시작한다. 에드와르도는 여전히 가끔 지저분하고 시끄럽게 떠들고 버릇없이 굴지만, 사람들은 이런 에드와르도를 세상에서 가장 못된 아이가 아닌 세상에서 가장 사랑스러운 아이로 인식하고 그렇게 대한다.

승혜 씨는 상담을 진행하면서 자신이 문제 있는 엄마여서 상담을 받으라고 한 것이 아니라 현진이의 보호자로서 아이에 대한 불안한 마음을 다독이기 위해 상담을 권유했다는 사실을 알게 되었고 상담에 적극적으로 임했다. 승혜 씨는 누군가가 붙여준 스티커가 아닌 자기 스스로 붙인 '문제 있는 엄마'라는 스티커를 떼어내게 되고 자신의 불안을 조절하면서 아이를 위한 버텨주기까지 잘해냈다. 그리고 자신의 감정을 탐색하면서 현진이의 불안은 엄마인 자신이 붙여준 불안 스티커일 수도 있겠단 생각을 하기 시작했다. 아이는 자기 나름대로 문제를 잘 해결할 텐데, 그걸 지켜보는 엄마가 불안하다 보니 아이가 불안해한다고 생각하고 그런 스티커를 붙여놓았다는 사실도 받아들이게 되었다.

상대방에 대한 그릇된 인식이나 타당성이 모자란 평가 또는 판단 등이 원인이 되는 이해의 틀을 선입견이라고 한다. 선입견을 품고 있으면 고정관념이 생긴다. 그것이 잘못되었다고 누군가가 설득할 때 또는 상황이 바뀌어서 이전 생각이나 관념을 수정해야 할 때, 자신의 선입견을 바꾸려 하지 않으면서 고착화되기 때문이다. 미국의 사회심리학자 고든 올포트(Gordon Allport)는 고정관념은 편견이며 충분한 근거도 없이 다른 사람을 나쁘게 보는 생각이라 했다. 고정관념은 어떤 사람의 인상을 결정지을 때 부정적으로 인식하게 하거나 특정 대상에 부정적인 평가를 하는 등 선입견이나 편견을 갖게 한다. 물론 편견과 고정관념에는 충분한 근거 없이 타인을 좋게 생각하는 호의도 있지만 대부분은 두려움, 혐오감과 함께 타인의 차별, 비방, 폭력 등의 반감을 품은 행위 같은 부정적인 것들이 많다. 그래서 "넌 그런 사람이야"라는 꼬리표나 딱지를 붙이고 갈등이나 문제 상황을 야기하곤 한다.

이러한 편견과 고정관념에서 벗어나려면 일단 모든 것을 의심해봐야 한다고 르네 데카르트(René Descartes)는 말했다. 당연하다 생각하는 일도 왜 그런지, 진짜 그런지, 지금 이대로 좋은지 또는 충분한지 등에 관한 의문을 품고 자신에게 질문해야 한다. 당연하다고 생각해 왔던 것이지만, 이전까지 내가 가지고 있던 의견과 다른 의견이 있다면 그 주장이 논리적으로 근거가 있는지 따져보면서 새로운 것을 받아들이려고 노력해야 한다. 그래야 전혀 생각하지 못한 부분에서 자신이 틀렸음을 깨닫게 되고 편견과 고정관념에서 벗어날 수 있다.

승혜 씨는 자신이 문제 있는 엄마이기 때문에 상담을 권유했다고 생각한 놀이치료사나 미술치료사의 말이 진짜일까, 다른 가능성은 없을까 등에 대해 따져보았다. 그리고 자기 생각을 뒷받침하는 지지 근거와 반대 근거는 무엇인지 생각해보고, 가장 현실적이면서도 합리적인 판단을 연습했다. 그러면서 치료사들에 대한 화가 가라앉고, 상담에 대한 열린 마음을 갖게 되었다.

그림책 심리처방전

하나 내가 가지고 있는 선입견이나 고정관념, 무엇을 해야 한다거나 무엇을 하면 안 된다는 식의 당위적인 생각에는 어떤 것이 있는지 곰곰이 생각해보고 하나씩 적어보세요.

둘 자신의 당위적 생각에 문제의식을 품고 꼭 그렇게 해야 하는 이유는 무엇인지 탐색해보세요. 관점을 바꾸거나 융통성이나 유연성을 발휘하면 안 되는 이유는 무엇인지 따져보세요.

3부

슬픔과
위로

마음껏 슬퍼할 여유가 없어요 | 저도 쓸모 있는 존재이고 싶어요 | 도무지 희망이 보이지 않아 절망스러워요 | 틀렸다는 비난이 저를 주눅 들게 해요 | 보잘것없는 외모 때문에 자신감이 없고 우울해요 | 더럽혀진 내 몸이 수치스러워요 | 정말 엄마처럼 살고 싶지 않았어요 | 잠시만 떨어져도 무슨 일이 생길 것만 같아요 | 성적 불쾌감 때문에 나를 탓하게 돼요 | 딸아이가 죽은 건 모두 나 때문이에요

21

스물한 번째 상담

마음껏
슬퍼할 여유가 없어요

감정 블록 깨뜨리기

《눈물바다》

서현 글·그림, 사계절, 2009

대학 4학년 졸업반인 희경 씨는 상담실에 처음 온 날, 너무 피곤하다며 연신 하품을 했다. 무엇 때문에 그렇게 피곤하고 힘이 드냐고 물어보니 희경 씨는 학비 마련을 위해 아르바이트를 하면서 취업 준비도 바쁜데, 집안일까지 하느라 늘 시간이 부족하다고 말했다. 게다가 신체 나이는 20대 중반이지만, 정신연령은 일곱 살에 머물러 있는 오빠까지 돌봐야 해서 하루하루 사는 게 버겁다며 눈물을 글썽였다. 희경 씨는 하루에도 서너 번씩 말없이 집을 나가 동네 여기저기를 돌아다니는 오빠를 찾으러 다녀야 하고, 아버지가 퇴근하기 전에 설거지나 빨래 등 집안일을 해야 해서 또래처럼 지낼 엄두조차 내지 못한다고 했다. 친구들과 어울려 쇼핑을 하거나 며칠씩 여행을 가는 건 꿈도 꿀 수 없다는 이야기를 들으면서 꽃다운 청춘이 삶에 찌들어 지내는 게 안쓰럽게 느껴졌다. 자기 이야기를 마치 남 이야기하듯 말하는 희경 씨가 감정이 바싹 메말라 있는 것처럼 보여 한바탕 시원하게 울기라도 하면 좋겠단 생각이 들었다.

《눈물바다》는 주인공의 학교생활에서 이야기가 시작된다. 주인공이 학교에 갔는데 하필 그날 시험을 쳤다. 안타깝게도 아는 게 없어서 문제를 제대로 풀 수가 없었고 당연히 시험을 망쳤다. 엎친 데 덮친 격으로 점심 급식을 먹으러 갔는데 고기를 먹고 싶은 주인공의 마음도 몰라주고 채소만 잔뜩 나왔다. 오후 수업 시간에는 짝꿍이 약을 올려서 이에 질 새라 같이 짝꿍을 놀렸는데 선생님은 억울하게도 주인공만 혼냈다. 주인공에게는 뒤로 넘어져도 코가 깨지는, 되는 일이 하나도 없는 그런 날이었다.

희경 씨의 삶도 비슷했다. 희경 씨가 유치원 다닐 무렵 아버지와 크게 다툰 어머니는 집을 나갔다. 이후로 희경 씨 남매는 근처에 사는 할머니가 가끔 들러서 돌봐주셨다. 어머니는 희경 씨가 초등학교에 들어갈 무렵 집으로 돌아왔고, 아버지는 그런 어머니를 받아주었다. 희경 씨 인생에서 가장 행복했던 시기였지만 그 기간은 너무 짧았다. 어머니와 아버지는 거의 매일 싸웠고, 어머니는 2년 후 다시 가출했다. 그 이후 어머니와의 연락은 완전히 끊겼다. 희경 씨는 어머니가 그리웠지만 원망 또한 커서 이제는 어디에서 무엇을 하며 살까 궁금해하지 않기로 했다.

《눈물바다》의 주인공이 힘들게 학교 수업을 마치고 집으로 가려는데 비까지 내린다. 우산이 없어서 종이 상자를 뒤집어쓰고 비를 맞으며 흠뻑 젖은 채로 집에 도착한다. 몸도 마음도 너덜너덜해진 상태로 현관문을 열고 들어섰는데, 집에서는 엄마 아빠가 고래고래 소리를 지르며 싸우고 있다. 속상한 마음에 방으로 들어갔다. 입맛이 없어서 저녁을 남겼더니 엄마한테 또 혼이 났다. 그렇게 억울하고 짜증 난 하루를 마치고 침대에 누웠는데 눈에선 자꾸만 눈물이 흘러내린다. 딱히 울려고 하지 않았지만, 울면서 잠이 든다.

희경 씨는 남의 이야기하듯 어느 소설 이야기를 하듯 담담하게 자기 이야기를 이어나갔다. 어머니가 집을 나간 후 아버지가 새벽에 일하러 나가면, 어린 희경 씨 남매는 아침에 일어나 각자 알아서 학교에 갔다. 수업이 끝나면 희경 씨는 오빠와 함께 깜깜해질 때까지 아버지가 오길 기다렸다. 초등학교 고학년이 되면서부터 희경 씨는 자연스럽게 설거지나 청소 같은 집안일을 조금씩 하기 시작했다. 중학생 때부터는 집안일을 거의 도맡아 하다시피 해 지금까지 계속하고 있다.

《눈물바다》의 주인공은 밤이 되자 훌쩍거리며 잠자리에 든다. 그런데 어떻게 된 일인지 눈을 떠보니 방 안이 눈물바다로 변해 있었다. 엄마는 물론 아빠, 선생님, 친구들이 모두 눈물바다에 빠져 허우적거리며 떠내려가고 있다. 주인공은 그 속에서 한참 동안 신나게 놀다가 사람들을 건져주고 말려도 준다. 나중에 생각해보니 모두에게 미안한 마음이 들기도 하지만 한편으로는 속이 시원하다며 활짝 웃는다. 한바탕 울고 나니 속상하던 마음이 후련해지면서 마음의 여유가 생겨 주변 사람까지 챙기게 된 것이다.

하지만 희경 씨는 주인공의 모습을 보면서 낯설어하는 것을 넘어 화를 냈다. 어떻게 다른 사람들을 눈물바다 속에서 허우적거리게 해놓고 해맑게 웃을 수 있느냐고, 양심도 없는 게 아니냐고 따지기까지 했다. 힘들게 해놓고 나중에 잘해주면 모든 게 해결되냐며, 뭐 이런 말도 안 되는 책이 다 있냐고 짜증을 냈다. 그런 희경 씨가 쏟아내는 말들을 가만히 들어준 다음 조심스럽게 물어봤다. 이렇게 속 시원해질 만큼 맘껏 울어본 적이 있는지, 눈물바다를 만들 만큼 펑펑 울면 어떤 일이 생길 것 같은지 등에 대해 이야기를 주고받는 과정을 통해 희경 씨는 어떻게든 살아내려고, 하루하루 버티기 위해 무던히도 애쓰고 있는 자신을 발견했다. 그리고 눈물을 흘리기 시작했다. 그제야 희경 씨는 펑펑 울었다.

눈물에는 치유의 힘이 있다. 마음의 상처를 회복하기 위해선 상처로 인한 감정을 제대로 경험해야 하는데, 이 과정에서 억눌러두었던 눈물을 쏟아내야 한다. 상처의 눈물을 충분히 흘려야만 상처의 고통까지 깨끗이 씻겨나간다. 미국의 아동심리학자 솔터 알레타

(Solter Aletha) 박사가 울음의 효능을 뒷받침하는 연구로 병원에 입원한 아이들의 정신건강과 울음의 상관관계를 분석했다. 아이들 중 겁에 질려서 실컷 울었던 아이들은 질병 회복력이 훨씬 빨랐으며 울고 싶을 땐 실컷 울어야 마음이 건강해진다고 했다. 또 울지 않고 참으면 울고 싶었던 상황에 관한 고통의 잔영이 오랫동안 남게 되는데, 이로 인해 어른이 된 후 감정 표현에 장애를 가져올 수도 있다고 했다.

자신의 감정에 솔직하게 접촉할 수 있어야 한다. 그리고 그 감정을 있는 그대로 표현하면서 수용하고 수용받는 경험을 해야 한다. 희경 씨가 잔뜩 웅크리고 앉아서 슬퍼하고 있는 자신의 내면을 찾고 펑펑 울었던 것처럼. 참는 것만이 능사가 아니다. 자신을 위로해줄 수 있는 사람, 눈물을 훔칠 수 있는 사람 앞에서 가끔은 마음 놓고 편안하게 울 수 있어야 한다.

그림책 심리처방전

하나 속상한 일이 있는데도 애써 그 마음을 외면하지는 않았는지 가만히 생각해보세요. 속상한 마음을 인정하고 슬퍼하면 어떤 일이 생길 것 같은지, 정말 그런 일이 일어나면 어떻게 될 것 같은지 생각해보세요.

둘 눈을 감고 마음속에 아물지 않은 상처를 가진 내 모습을 가만히 생각해보세요. 슬퍼하는 내 안의 나, 아파하고 있는 내 안의 나에게 따뜻한 위로의 말을 들려주며 함께 슬퍼해주세요.

22
스물두 번째 상담

저도 쓸모 있는 존재이고 싶어요

자기 스스로 부모 되어주기

《치킨 마스크》

우쓰기 미호 글·그림, 장지현 옮김, 책읽는곰, 2008

30대 중반의 수정 씨는 상담실에 들어오자마자 자기 이야기를 속사포로 늘어놓았다. 마치 마음속에 이야기보따리가 가득 차서 금방이라도 팡 하고 터질 것 같았다. '하고 싶은 말이 엄청 많은가 보다'라고 생각하며 한참 동안 가만히 듣고 있었다. 자신이 얼마나 힘든지, 급행열차가 지나가듯 높은 톤으로 많은 이야기를 빠르게 쏟아내는 수정 씨를 가만히 바라보고 있노라니 가슴 한구석이 아려왔다. 엄청난 불안 속에서 하루하루 발을 동동 구르며 살아가고 있는 그녀의 모습이 떠올랐기 때문이다. 수정 씨가 조금 진정되길 기다렸다가 "아이고, 참 힘들었겠네요. 진짜 애쓰셨네요"라고 겨우 한마디 건네자 수정 씨 눈에서 눈물이 흘러내렸다. 겨우 "당신 그동안 참 힘들게 살아왔겠다"란 말 한마디 건넸을 뿐인데, 수정 씨는 나머지 상담 시간 내내 꺼이꺼이 울었다.

수정 씨에게는 다섯 살 많은 오빠가 있었다. 오빠는 그림이면 그림, 운동이면 운동, 노래면 노래, 못하는 게 없었다. 수정 씨에게 오빠는 완벽한 사람이었고, 부모님에게는 우상과 같은 존재였다. 그런 까닭에 수정 씨는 늘 오빠의 그늘에서 벗어날 수 없었다. 오빠바라기인 엄마 아빠를 보며 수정 씨는 오빠처럼 되려고 애를 썼지만 결국 오빠처럼 될 수 없다는 사실만 확인할 뿐이었다. 그러다 보니 수정 씨는 자신이 쓸모없는 사람 같다고 생각하며 극단적인 생각에 사로잡히곤 했다.

《치킨 마스크》의 주인공 치킨 마스크도 수정 씨처럼 자신을 잘하는 것이 없는 쓸모없는 존재로 생각한다. 같은 반 친구 올빼미 마스크는 공부를 잘하고, 햄스터 마스크는 손재주가 좋으며, 장수풍뎅이 마스크는 씨름을 잘한다. 개구리 마스크는 노래를 잘하고, 해달 마스크는 멋있다. 그런데 자기는 아무리 생각해도 잘하는 것이 하나도 없다고 생각하기 때문에 날마다 기죽어 지내면서 우울해한다. 친구들과 자신을 남몰래 비교하며 스스로 주눅이 들어가던 치킨 마스크는 급기야 '나는 뒤처진 아이야. 이 교실에서 내가 있을 곳은 없어. 나같이 늘 방해만 되는 애는 없는 게 나아'라는 생각까지 하게 된다.

수정 씨도 치킨 마스크가 친구들을 부러워하면서 우울해하는 것처럼 오빠를 시기하고 질투하면서 오랫동안 괴로워했다. 자신도 부모님에게 사랑스러운 딸이 될 수 있을 거라는 생각에 가끔 오빠가 없다면 어땠을까 꿈꿔보기도 했다. 그러던 어느 날, 오빠가 스물여섯 살의 꽃다운 나이에 교통사고로 갑자기 세상을 떠났다. 그때부터 수정 씨는 자기 때문에, 자신의 부정적인 생각 때문에 오빠가 죽었다는 생각에 심한 죄책감에 사로잡혔다. 전보다 더 깊고 어두운 혼자만의 지옥에 갇혀 살게 되었다. 치킨 마스크가 '내가 아닌 다른 모습이라면 얼마나 좋을까? 나 같은 애는 차라리 없어지는 게 낫지 않을까?'라는 극단적인 생각을 하며 아무도 모르게 교실을 빠져나간 것처럼 수정 씨는 시시때때로 극단적인 생각을 하곤 했다.

힘들어하는 수정 씨에게 감당하기 힘든 일이 또 생겼다. 엎친 데 덮친 격으로 오빠 장례를 치르는 동안, 평소 사이가 좋지 않았던 부모님은 극에 달하는 갈등을 겪었다. 눈에 넣어도 아프지 않을 자식이 황망하게 떠났는데 두 분은 교통사고 보상금을 두고 치열한 공방전을 벌였다. 그러고는 장례식이 끝나자마자 기다렸다는 듯이 이혼했고, 이후로는 어떤 교류도 하지 않았다. 수정 씨는 성인이었지만 부모님의 이혼이 충격으로 다가왔다. 오빠를 떠나보낸 지 얼마 되지 않았는데 수정 씨는 아버지와도 이별한 셈이어서 많이 힘들었다. 외줄 타기를 하듯 하루하루가 불안했지만, 시간이 흐르면서 적응하기 시작했다. 엄마와 둘이 살게 되면서 엄마가 수정 씨에게 조금씩 관심을 보였기 때문이다. 엄마는 늘 어떻게 하면 필요한 도움을 주겠다는 식으로 관심과 사랑에 조건을 붙였지만, 그래도 수정 씨는 좋았다. 그마저도 없으면 세상을 살아갈 자신이 없었기 때문에 수정 씨는 엄마의 요구에 맞춰 생활했고 엄마가 원하는 조건을 갖춘 남자를 만나 결혼했다. 결혼생활을 하는 동안에도 까닭 모를 불안이 불쑥불쑥 올라왔지만, 큰 문제 없이 그럭저럭 살았기에 자신이 잘 살고 있고 아무 문제가 없다고 생각하고 있었다.

하지만 그것도 잠시, 남편의 쌍둥이 동생이 결혼한 후부터 수정 씨는 다시 극도의 불안에 휩싸이곤 했다. 불안이 심해질 때마다 어디에서 이 불안이 시작되었을까 생각해보니, 시동생과 결혼한 동서와 자신을 계속해서 비교하고 있는 모습을 발견하게 되었다. 상담을 통해 수정 씨는 뭐든지 잘하는 동서에게 오빠의 모습을 투사하고 있음을 알게 되었다. 어떤 일이든 똑 부러지게 해내는 동서를 대할 때마다 실수투성이인 자기 모습을 인식하게 되어 예전의 불안을 다시 느끼고 있었다.

수정 씨는 오빠가 보여주는 좋은 결과치에 기준을 맞춰놓고 그에 못 미치는 자신을 부끄럽게 생각하며 못마땅해했다. 치킨 마스크 역시 다른 친구들을 부러워하며 자신을 못난 존재로 생각하고 있었다. 치킨 마스크가 교실을 빠져나온 후 학교 안 구석진 곳에서 여러 종류의 마스크가 쌓여 있는 더미를 발견한다. 치킨 마스크가 평소

부러워만 하던 다른 마스크를 써볼 기회가 생긴 것이다. 하지만 치킨 마스크는 다른 동물의 마스크를 하나씩 써봐도 마음에 드는 마스크를 고를 수 없었다. 그렇게 고민하고 있을 때 화단 식구들이 "치킨 마스크야, 다른 마스크가 되지 마!"라는 말을 건넨다. 화단의 나무와 꽃들은 아무도 관심을 보이지 않는 자신들의 아름다움을 알아보는 치킨 마스크의 다정한 마음이야말로 누구와도 비교할 수 없을 만큼 빛나는 장점이며 재능이라고 칭찬하고 격려해준다.

인도의 구루이자 철학자인 오쇼 라즈니쉬(Osho Rajneesh)는 "부모는 당신에게 생명을 주었지만 또 다른 탄생이 기다리고 있다. 그것은 내가 나에게 생명을 주는 것이다. 당신 자신이 그러한 탄생의 부모가 되어야 한다"라고 말했다. 어린 시절 수정 씨는 부모로부터 사랑받을 만한 가치가 충분한 존재라는 것을 제대로 경험하지 못했다. 날마다 부모에게 외면당하고 버림받을 것이라는 두려움 때문에 수정 씨는 부모의 눈높이에 자신을 맞추기 위해 필사적으로 노력했다. 하지만 오빠와 달리 부모의 기대를 충족시키지 못한 경험들이 쌓이면서 수정 씨는 자기 자신에게 실망하는 경험을 반복했고 자신을 쓸모없는 존재로 생각하게 되었다. 이를 깨달은 수정 씨는 부모 대신 자신이 어린 수정 씨의 부모가 되어 필요한 돌봄과 응원을 해주려 노력했다. 다른 사람이 아니라 자신이 원하는 것을 스스로 채우면서 수정 씨는 조금씩 안정되어갔다. 미운 오리 새끼처럼 자신을 쓸모없다고 생각하는 대신 있는 그대로 인정해주는 과정을 통해 힘든 기억에서 조금씩 벗어날 수 있었다.

그림책 심리처방전

하나 부모님에게 가장 듣고 싶었던 칭찬의 말은 무엇이었나요? 그 말들을 자신에게 충분히 들려주고, 어떤 생각과 느낌이 드는지 살펴보세요.

둘 부모님 또는 가까운 지인에게 내가 가진 좋은 점이나 장점 세 가지씩만 말해달라고 해보세요. 말이나 행동으로 표현하지 않았던 그 사람들의 속마음과 내가 짐작하고 있었던 마음이 어떻게 다른지 생각해보세요.

23

스물세 번째 상담

도무지
희망이 보이지 않아
절망스러워요

다른 관점으로 바라보기

《빨간 나무》

숀 탠 글·그림, 김경연 옮김, 풀빛, 2019

30대 중반인 미경 씨는 자신의 삶에서 희망이란 건 어디에서도 없었다는 이야기를 담담하게 했다. 왜 그렇게 생각하느냐고 물으니, 자신의 어린 시절에 관한 이야기를 펼쳐놓았다. 미경 씨가 여섯 살이 되던 무렵 어머니의 외도 문제로 부모님이 헤어졌다. 이후 아버지는 미경 씨와 두 살 위인 오빠를 6년 동안 혼자 키웠고 지금의 새어머니를 만나 재혼을 했다. 아버지는 애 딸린 홀아비였지만, 새어머니는 초혼인 데다가 성격 자체도 아이들을 챙길 만큼 꼼꼼하거나 따뜻하지 않아서 오빠와 미경 씨는 여전히 힘들었다. 미경 씨는 아버지가 재혼한 뒤에도 배고프면 알아서 밥을 먹고, 알아서 학교에 가야 했다. 이런 생활은 미경 씨가 초등학교를 졸업하고 중학교, 고등학교를 거쳐 대학에 가도 마찬가지였다. 중고등학교에 다닐 때는 용돈은커녕 준비물 살 돈도 받지 못했다. 어머니께 준비물 살 돈을 달라고 말했지만, 어머니는 없다고만 해서 고등학생 때부터 아르바이트로 해결해야 했다. 그래도 한계가 있어서 준비물을 못 챙길 때가 있었는데, 그럴 때마다 선생님은 미경 씨를 문제아 취급을 하면서 혼을 냈다. 미경 씨는 몇 번이나 삶의 끈을 놓고 싶단 생각을 하곤 했다.

《빨간 나무》는 또 다른 하루가 시작되지만, 여전히 아무런 희망을 찾을 수 없는 날의 연속인 여자아이의 이야기다. 모든 건 나빠지기만 하고, 아무도 자신을 이해하지 못하는 어둠의 나날들. 그 속에서도 아이는 잘해보려고 노력하지만, 온통 절망밖에 보이지 않는 날이 이어진다. 여자아이의 삶이 마치 미경 씨의 어린 시절과 비슷해 보였다. 여자아이에게는 안 좋은 일이 한꺼번에 몰려와 숨 쉬기도 힘든 날도 있었고, 아름다운 것조차 스쳐 지나가기만 하는 끔찍한 운명을 피할 수 없을 것 같은 날도 있었다. 아픔과 슬픔이 영원할 것만 같아서 무엇을 어떻게 해야 할지 혼란스러운 날, 그런 날이 연속되다 보니 아이는 자신을 잃어버리게 될 것 같았다.

미경 씨도 삶에서 자신을 잃어버릴까 봐 버티고 또 버텼다. 미경 씨는 선생님들에게 혼날 때마다 이런 힘든 생활의 굴레에서 벗어날 수 있는 유일한 방법은 공부밖에 없다고 생각하며 자신을 다독였다.

그래서 고등학생 때는 수업이 끝난 후 아르바이트를 하면서도 공부에서 손을 놓지 않았다. 잠을 줄여가면서 틈틈이 공부한 덕분에 성적은 꽤 잘 나왔다. 학년이 올라가면서 선생님들은 공부 잘하는 미경 씨가 사고 치는 일 없이 학교에 잘 다니자 너그럽게 봐주기 시작했고, 미경 씨는 무사히 고등학교를 졸업하고 대학에 합격했다. 그러나 합격의 기쁨을 누리기도 전에 부모님은 미경 씨에게 대학 입학금을 준비해줄 수 없다고 통보했다.

아버지는 장남인 오빠가 서울에 있는 대학에 다니고 있는 상황에서 아이 둘을 대학 보내기 어렵다고 말했다. 그러면서 은근히 미경 씨에게 대학 진학을 포기하라는 의사를 내비쳤다. 미경 씨는 이대로 대학마저 못 가면 도저히 세상을 살아갈 이유를 찾지 못할까봐 겁이 났다. 그래서 합격 소식을 듣자마자 입학하기 전까지 아르바이트를 세 개씩 하면서 악착같이 돈을 모았다. 대학 입학 후에도 친구들이 식당으로 밥 먹으러 갈 때 미경 씨는 빈 강의실이나 실험실에서 식빵 두 장으로 허기를 달래며 하루하루를 버텼다. 대학만 졸업하면 집을 나와 독립해서 살겠다고 이를 악물고 하루 서너 시간만 자며 일과 공부를 병행했다. 다행히 미경 씨는 대학 졸업 전 취직을 했고, 그 회사에서 지금까지 10년 넘게 일하면서 또래보다 조금 이른 승진까지 했다. 아무리 거센 비바람이 몰아치는 날도 언젠가는 끝이 나는 법이다. 미경 씨가 취직 후 독립해서 자신의 삶을 살아가고 있는 것처럼 실낱같은 희망조차 없는 것 같은 하루가 저물어갈 때 아이를 조용히 기다리고 있는 것이 있었다. 폭풍우 끝자락엔 파란 하늘을 밝게 빛나게 할 태양이 숨어 있는 것처럼, 영원히 지속될 것만 같은 절망의 나날 속에서도 희망의 나무는 언제나 주인공 곁에 있었다.

아이에게 희망의 나무, 빨간 단풍잎은 늘 곁에 있었다. 다만 그것이 주인공의 눈에 잘 띄지 않는 곳에 있었을 뿐. 때로는 아주 작게, 때로는 아주 구석진 자리에서 그 모습을 드러내고 있었다. 희망은 그렇게 우리의 삶 속 절망과 괴로움과 슬픔의 경계에서 낮고 작은 모습으로 자리 잡고 있다. 우리가 바라던 모습으로 우리와 아주 가까운 곳에 있는데도 사람들이 그 사실을 잊어버리거나 인식하지 못할 뿐이다. 희망은 절망 속에 빠진 자가 찾으려고 할 때만 보인다. 그리고 찾으려고 노력할 때만 하나하나 모습을 드러내며 우리를 웃게 해준다.

전반적으로 안정된 생활을 하고 있던 미경 씨는 몇 년 전 남자 친구와 헤어지면서 또다시 깊은 우울의 수렁으로 빠졌다. 외롭다는 생각과 함께 이 세상을 살아야 할 이유를 도무지 찾을 수가 없었다. 남들은 결혼도 잘만 하던데, 미경 씨는 자신에게 다가오는 남자는커녕 호감 가는 남자도 없어 일찌감치 결혼도 포기했다. 남들은 10년 직장 생활하면 알뜰살뜰 돈을 모아 집도 장만하던데, 흥청망청 돈을 쓴 것도 아니고 별다른 취미생활도 안 하는 미경 씨는 아직도 원룸 전세를 전전하고 있으니 뭘 해놓은 것도 없는 것 같아 더 자괴감이 들어 자꾸만 혼자만의 세상으로 가라앉곤 했다. 그런 미경 씨에게 언제부터인가 갑자기 "죽어야 해"란 말이 들리며 심장이 쿵 내려앉는 경험을 하곤 했다. "죽고 싶다"도 아니고 "죽으면 어떨까?"도 아닌 "죽어야 해"라는 말을 들으며 삶의 위협을 느끼고 있었다.

우리 삶은 결코 희망하는 대로 되지 않는다. 생각한 대로 삶이 펼쳐진다면 얼마나 좋을까. 우리가 살아가는 세상은 우리가 바라는 대로 흘러가지 않는다. 그래서 우리는 늘 불안하고 불행한 나날을 보낸다. 《나쁜 날들에 필요한 말들》을 쓴 작가 앤 라모트(Anne Lamott)는 "희망은 어둠 속에서 시작된다"라고 말했다. 우리의 삶이 아무리 절망적일지라도 내면에서 들리는 목소리가 있고 거기에 집중하면 우리의 삶은 무엇이든 가능하다고 이야기한다. 생의 모든 순간에 우리는 삶의 희망과 가치를 찾아야 한다고 주장한다. 우리가 바라는 대로 되지 않는 삶이지만, 그렇기에 우리는 절망하고 슬퍼하고 체념하면서 살아가는 것이 아니라 더욱더 하나의 완전한 삶을 살아갈 수 있도록 노력해야 한다는 것이다. 오스트리아 출신 정신과 의사이자 심리학자 빅터 프랭클은 "삶의 의미를 찾는 데 성공하면 행복해질 뿐만 아니라 역경을 딛고 일어서는 능력까지 갖추게 된다"라고 주장했다. 그러면서 그는 삶의 의미를 찾고 정서적 고통을 치유하며 삶의 중요성을 아는 것을 목적으로 삼으면서 실존주의 치료의 하나인 의미치료를 창시했다.

미경 씨는 상담을 통해 어린 시절의 아픈 기억과 상처를 지금까지와 다른 관점에서 바라보는 연습을 했다. 미경 씨는 이 과정을 통해 비록 힘들고 쓰라린 경험이었지만, 그 속에 숨은 의미를 찾아내려고 애썼다. 그 결과 힘든 경험이 아니었다면 결코 알 수 없었던 것이 있었을 뿐만 아니라 그것들이 자신을 더 강하게 만들었다는 사실을 깨달을 수 있었다. 부정적인 사고의 수레바퀴를 멈추자 미경 씨는 일상 속에서 아주 작은 희망의 씨앗을 발견해내기 시작했다. 당연하다고 생각되는 일은 현미경으로, 불행하다고 생각되는 일은 망원경으로 들여다보면서 터널 끝 빛의 세상을 향해 걸어나가기 시작했다.

그림책 심리처방전

하나 아무도 나를 이해해주지 않는 것 같다고 느끼는 순간, 나는 어떤 것을 이해받고 싶었나요? 이해받고 싶었던 그 마음을 자기 자신에게 말해보세요.

둘 내가 바라는 밝고 빛나는 나의 모습은 어떤 모습일까요? 그 모습을 이루게 된 순간을 자세하게 상상해보고 나만의 빨간 단풍들은 어떤 것인지 이야기해보세요.

24

스물네 번째 상담

틀렸다는 비난이 저를 주눅 들게 해요

자신을 믿고 일단 도전하기

《느끼는 대로》

피터 H. 레이놀즈 글·그림, 문학동네어린이, 2004

대중교통을 이용해 여기저기 강의나 상담을 하러 다니는 게 너무 피곤해서 남편에게 차를 하나 마련하고 싶다고 말했다. 그러자 남편은 운동신경도 둔한 사람이 어떻게 운전을 하냐며 버럭 화를 냈다. 그래도 나는 하루에 대여섯 시간씩 버스와 전철을 갈아타며 이동하는 게 너무 힘들어 차가 꼭 필요하다고 고집을 피웠다. 남편은 하는 수 없이 면허증을 따면 차를 사자고 약속했다. 면허를 따고도 남편은 위험하다는 핑계로 몇 년 동안 차 계약을 말렸다. 내가 면허를 땄을 때 자기가 한 말이 있어서 경차를 하나 사긴 했지만, 나같이 겁이 많은 사람은 절대로 운전하면 안 된다고 계속 반대했다.

절실한 필요에 의해 운전을 고집하는 나와 달리 《느끼는 대로》

의 주인공 레이먼은 그림 그리는 것을 좋아해 틈만 나면 그림을 그리곤 했다. 좋아서 하는 일이라 레이먼은 침대에 누워서도 그리고, 화장실에서 볼일을 보면서도 그리고, 바닥에 누워서도 그렸다. 어느 날, 레이먼이 그림 그리기에 푹 빠져서 꽃병을 그리고 있을 때 레이먼이 그리는 것을 어깨 너머로 보던 형은 뭘 그리고 있느냐며 비웃었다. 이런 것도 그림이라고 그리냐는 듯이 비웃는 형의 반응에 레이먼은 당황해 아무 말도 할 수 없었다. 의기소침해진 레이먼은 이때부터 뭐든지 똑같이 그려보려고 애를 써봤지만, 잘되지 않았다. 자기 생각대로 그려지지 않자 레이먼은 "이젠 안 해!"라며 그림 그리기를 포기해버렸다.

그러나 나는 운전을 포기할 수 없었다. 일하면서 공부하랴 집안일에 아이들까지 돌보려니 체력의 한계를 느꼈기 때문에 무슨 일이 있더라도 운전을 해야겠다는 결심을 굳혔다. 사고가 나면 어쩌나 걱정도 되고, 나같이 운동신경도 둔하고 반사신경도 느린 사람이 운전을 할 수 있을까 겁도 났다. 하지만 더 이상 미룰 수 없겠다 싶어 굳게 결심하고 이틀 정도 도로 연수를 받은 다음 이른 새벽에 무작정 차에 시동을 걸고 동네를 서너 바퀴 돌았다. 자신감이 조금 생긴 나는 며칠 후 다시 용기를 내 고속도로를 40분가량 달려 목적지에 도착했다. 그렇게 시작한 운전으로 지금은 필요한 곳이면 어디든 잘 다니고 있다. 15여 년 전 처음 책을 쓸 때도 그랬다. 남편은 당신이 무슨 책을 쓰냐, 그러다가 큰 창피나 당하지 말고 시작도 하지 말라며 코웃음을 쳤다. 당신 같은 사람이 작가면 누구라도 책을 출간하겠다고 비웃기까지 했다. 그런 말을 들으니 정말 그런가 싶어 나도 포기하고도 싶었다. 하지만 용기를 내 몇 달간 원고를 썼고 우여곡절 끝에 출간했다. 난생처음 쓴 책이지만 그럭저럭 판매되었고, 출간 이후 여기저기 강의를 하러 다녔다. 남편은 이번에는 “그래봤자 당신은 내 마누라야”라고 말하면서 힘 빠지게 했다.

그림 그리기를 포기했던 레이먼은 여동생 덕분에 다시 그림을 그릴 수 있었다. 형 레온이 자신의 그림을 보고 비웃은 것과 달리 여동생 마리솔은 레이먼이 망쳤다고 생각하며 구겨버린 그림들을 하나씩 주워 와서는 자기 방 벽 가득 붙여놓고 시시때때로 감상하고 있었다. 여동생은 많은 그림 가운데 형이 비웃었던 꽃병 그림이 제일 좋다고 말했다. 꽃병처럼 보이지 않는다는 레이먼의 말을 듣고도 마리솔은 큰 소리로 “꽃병 느낌이 나는걸”이라고 말했다. 그 말을 들은 레이먼은 지금까지와는 다른 눈으로 자신이 그린 그림을 볼 수 있었다. 그제야 다시 그림을 그리고 싶은 마음이 생겼고 즐겁고 신이 나기까지 했다. 이후 레이먼은 다시 손 가는 대로 쓱쓱 그림을 그리기 시작했고, 느끼는 대로 그리는 것이 아주 근사한 일이라는 것을 알게 되면서 감정도 잘 표현할 수 있게 되었다. 여기에서 더 나아가 시 느낌이 나는 글까지 쓰게 되면서 레이먼은 그림이나 글로도 붙잡을 수 없는 느낌을 마음껏 즐기는 삶을 살아갔다.

애플의 전 CEO이자 공동 창립자인 스티브 잡스(Steve Jobs)는 스탠퍼드대학교 졸업식에서 "다른 누군가의 삶을 대신 살아가는 데 인생을 낭비하지 마십시오. 다른 사람이 생각한 대로 따라 사는 오류를 범하지 마십시오. 다른 사람의 견해 속에 자기 내면의 목소리가 파묻히지 않도록 하세요. 가장 중요한 건 자신의 직관과 열정을 따라갈 수 있는 용기입니다"라고 연설했다. 미국을 대표하는 사상가이자 초월주의 운동가인 랄프 왈도 에머슨(Ralph Waldo Emerso) 역시 자기 신뢰를 바탕으로 인생과 자연, 그리고 신성을 편견 없이 있는 그대로 받아들여야 한다고 주장했다.

있는 그대로의 나를 믿어주고 응원해주는 것은 큰 힘이 된다. 그러기 위해선 누군가가 자신을 비웃거나 비난해도 아랑곳하지 않고 자신을 믿고 나아가는 힘이 중요하다. 가족이나 가까운 사람이 자신의 가능성을 알아봐주고 인정해주고 지지해주고 따뜻한 시선으로 바라봐준다면 세상을 다 얻은 것처럼 든든하고 행복한 일이다. 하지만 그렇지 않더라도 타인의 말이나 평가에 주눅 들거나 포기할 필요는 없다. 그들과 적당한 거리를 유지하며, 그들이 하는 말 따위는 무시하는 것이 좋다. 진짜 자신을 위해서 걱정하는 마음이 있다면 비난이나 평가의 말은 되도록 하지 말라고 정중하게 요구할 필요도 있다. 그들의 말이 자신에게 어떤 영향을 미치는지 말하면서 구체적으로 요청할 필요도 있다. 그리고 다른 사람이 하는 말에 신경 쓰기 보다는 자신을 믿고 끝까지 최선을 다하는 데 집중하는 것이 중요하다. 만화가 이현세는 천재를 이기기 위해서는 천재를 의식하지 말고 자신을 믿고 꾸준히 한발 한발 전진하다 보면 어느 순간 그 천재를 앞선 자신을 발견할 수 있다고 말했다.

남편이 뭐라고 할 때마다 주눅이 들어 포기하고 싶은 생각이 들기도 했지만, 나는 굴하지 않고 하고 싶은 일들에 꿋꿋이 도전했다. 그리고 마침내 해냈다. 반대를 무릅쓰고 자신을 응원하면서 기어코 해냈고, 그 결과 지금 이 자리에서 꿈을 이룬 사람으로 당당히 살아가고 있다. 우보천리를 생각하며 오늘도 나 자신에게 "남들이 뭐라고 해도 나는 내 길을 내 속도대로만 가면 되는 거야. 다른 사람 신경 쓰지 말고 내가 생각하는 대로 천천히 그러나 꾸준히 가면 언젠가는 그곳에 도달해 있을 거니까 나 자신을 믿고 가보자"라고 이야기하면서 내가 하고 싶은 일에 도전하고 있다. 소중한 나 자신을 위해서 그리고 내 꿈 너머의 꿈을 이루기 위해서.

그림책 심리처방전

하나 나를 기죽게 만드는 주변 사람들의 말이나 반응에는 어떤 것이 있었나요? 생각나는 것을 빈 종이에 하나씩 적은 다음 마음껏 구겨서 던져버리거나 갈기갈기 찢어보세요.

둘 다른 사람의 비난이나 나쁜 평가에도 불구하고 기어코 해낸 일들을 종이에 하나씩 써보세요. 주변 사람들의 만류를 물리치고 크고 작은 일을 성취해낸 자신을 마음껏 칭찬해주세요.

25

스물다섯 번째 상담

보잘것없는 외모 때문에 자신감이 없고 우울해요

열등감 극복하기

《짧은 귀 토끼》

다원시 글, 탕탕 그림, 심윤섭 옮김, 고래이야기, 2020

아담한 키에 약간 통통한 체격을 가진 서른 살 경순 씨는 아직 변변한 직업이 없다. 대학을 졸업하고 취업해서 독립할 생각으로 여기저기 이력서를 제출했지만, 번번이 면접에서 낙방했다. 본의 아니게 오랫동안 백수 생활을 하면서 아직 부모님에게 용돈을 타서 쓰는 경순 씨는 점점 부모님 뵐 면목이 없다. 한 사람의 몫을 하지 못한다는 생각에 자존감도 자신감도 떨어졌다. 사람들을 만나는 것도 부담스러워서 친구들과도 연락을 하지 않게 되었다. 혼자 있는 시간이 많아지면서 경순 씨는 생각이 많아졌는데, 취업 실패의 원인을 찾다가 변변찮은 외모 때문에 면접에서 자꾸 떨어지고 있다는 결론을 얻게 되었다.

《짧은 귀 토끼》의 주인공은 꼬마 토끼인 동동이다. 다른 토끼와 달리 동동이 귀는 짧고 둥글고 두툼해서 마치 버섯 같다. 어린 동동이는 남들과 다른 외모는 별로 중요하지 않다고 생각했다. 빨리 달리기나 높이뛰기 같은 실력을 쌓는 게 중요하다고 생각해 자신이 잘 할 수 있는 일을 잘하려고 노력했다. 하지만 자라면서 친구들과 다르게 생긴 자신의 짧은 귀가 점점 신경이 쓰였다. 그래서 엄마에게 왜 자기만 귀가 짧은지 물어보면서 속상해했지만, 동동이 귀는 귀여울 뿐만 아니라 아주 특별한 귀라는 엄마의 말을 듣고 위로를 받았다. 그러나 그것도 잠시, 경순 씨가 작고 통통한 자신을 보면서 우울해하는 것처럼 자신의 귀에 불만을 가진 동동이도 친구들의 길쭉한 귀를 볼 때마다 부러운 생각에 자꾸만 시무룩해지곤 했다.

그러나 동동이는 자기 몸을 부끄러워하면서 움츠러들기보다는 친구들처럼 기다란 귀를 갖기 위해 여러 가지 노력을 했다. 혹시나 키가 크면 귀도 자랄까 기대하면서 채소를 많이 먹었지만 동동이의 귀는 여전히 짧고 토실토실했다. 친구 미미의 도움을 받아 빨래집게로 귀를 집고 빨랫줄에 매달려 보기도 하고, 채소에 물 주듯이 귀에 물을 주면 귀가 쑥쑥 자랄까 싶어 몸을 땅에 파묻고 매일 아침 귀에 물을 주기도 했다. 그러나 아무런 변화가 없었다. 아무리 노력해도 변화가 없자 동동이는 자신의 부끄러운 귀를 가리기로 마음먹었다. 언제 어딜 가든 모자를 쓰고 다녔으며, 아무리 더워도 모자를 벗지 않았다.

경순 씨도 자신의 작은 키가 싫다는 생각에 어떻게 하면 더 커 보일 수 있을까 날마다 거울 앞에서 방법을 모색했다. 그런데 보면 볼수록 다른 단점까지 하나둘 눈에 띄기 시작했다. 자세히 보니 얼굴도 좌우 비대칭인 것 같고, 눈도 너무 작은 데다가 심한 짝눈이란 사실도 발견했다. 경순 씨는 날마다 새로운 사실을 발견하면서 심각하게 우울해졌고 결국 양악수술을 결심했다.

바람이 몹시 불던 어느 날, 동동이의 모자가 바람 때문에 벗겨지자 친구들은 동동이의 짧은 귀를 보고 놀렸다. 속상한 마음에 동동이는 두 귀를 감싸 쥐고 도망치듯 집으로 가버렸다. 모자를 갖다주러 온 미미에게도 잔뜩 심통을 부리던 동동이는 거울 앞에서 한참을 엉엉 울다가 굳은 결심을 한다. 세상에서 가장 길고 멋있는 귀를 만들겠다고 결심한 동동이는 여러 번의 실패 끝에 '토끼 귀' 빵 만들기에 성공한다. 다음 날 그 빵을 머리에 붙이고 친구들 앞에 자신만만하게 나섰는데, 맛있는 빵 냄새를 맡은 독수리가 동동이를 향해 쏜살같이 쫓아왔다. 그런데 동동이는 무겁고 긴 귀 때문에 빨리 뛸 수 없어 독수리에게 잡혀버린다. 위험천만했지만 동동이가 발버둥을 치는 바람에 토끼 귀 빵이 부러져 겨우겨우 도망칠 수 있었다. 그렇게 살아 돌아온 동동이는 토끼 귀 빵집을 열었는데, 아기 독수리마저 반해버린 맛있는 빵이라며 온 동네에 소문나면서 가게는 늘 문전성시를 이루게 된다.

동동이는 짧은 귀를 부끄러워하며 열등감에 시달렸다. 경순 씨 역시 작고 통통한 자신의 몸 때문에 부모를 원망하며 의기소침하고 우울해했다. 이런 열등감은 주로 남보다 잘나 보이고 싶은 마음, 즉 다른 사람의 우위에 서고 싶은 마음에서 비롯된다. 그리고 열등감에 사로잡히면 대부분의 사람은 매사를 부정적으로 생각하고 절망적으로 해석한다. 다른 사람의 시선을 지나치게 의식하며, 타인의 평가에 민감하게 반응한다.

개인심리학자인 알프레드 아들러는 〈신체적 열등과 그에 대한 정신적 보상에 관한 연구〉에서 "사람은 신체적 장애와 이에 수반되는 열등감을 심리적으로 극복하려고 노력한다. 하지만 그 노력이 만족스럽지 못한 보상을 가져오면 신경증 및 수많은 감정과 정신의 기능적 장애를 가져올 수 있다"고 말했다. 그러면서 자기 자신을 다른 사람보다 못하거나 부족하다고 여기는 생각을 '열등 콤플렉스'라고 불렀다.

아들러는 열등감, 즉 어떤 개념이나 상황에 지나치게 감정적인 반응을 일으키는 현상을 말하는 콤플렉스 때문에 사람들이 감정적으로 무능해진다고 보았다. 그래서 이런 사람들이 성숙하고 상식적이며 사회적으로 유능한 사람이 될 수 있도록 돕기 위해 지지 심리요법을 개발했다. 아들러는 자기 스스로 존중받는 존재라는 인식을 통해 심리적 강인성을 높일 수 있도록 자기 격려를 적극적으로 추천했다. 이를 위해서 우선 다른 사람과의 비교를 멈추고, 부족한 자신을 있는 그대로 인정하면서 토닥여줘야 한다. 그래서 경순 씨와 함께 자신의 장단점을 객관적으로 파악해보고 있는 그대로를 인정할 수 있도록 노력했다. 지금까지 자신을 바라보던 관점에서 벗어나기 위해 주변 사람들에게 솔직한 의견을 들어보면서 부족하지만 자기에게도 괜찮은 면이 있음을 찾아보려 연습했다. 그리고 '단추 누르기' 기법을 활용해 자기 생각이나 감정의 주인은 자신임을 떠올리면서 부정적인 감정이 들 때 정지 버튼을 누르고 방향을 전환해 긍정적인 감정을 선택하도록 권했다.

꼬마 토끼 동동이처럼 경순 씨는 선택의 여지도 없고 노력으로도 바꿀 수 없는 선천적인 외모 열등감에 오랫동안 시달렸다. 그렇게 심리적 어려움을 겪었던 경순 씨는 결국 위험한 양악수술까지 감수하면서까지 달라지고 싶어 했다. 의술의 힘을 빌려 열등감을 극복하고 자신감을 얻는 것도 하나의 방법일 수 있지만 수술로는 모든 열등감을 해결할 수 없다. 그래서 동동이가 짧은 귀 때문에 우울해했지만 그 단점을 극복하기 위해 토끼 귀 모양 빵을 만들면서 베이킹 실력을 쌓고, 나중에 빵집을 운영하게 된 것처럼 경순 씨도 의기소침해지기보다는 자신의 강점이나 장점에 초점을 맞춰 자신감을 키우려는 노력도 함께하며 열등감을 조금씩 극복해나갔다. 단점을 신경 쓰며 보완하기 위해 많은 에너지를 쏟기보다 장점을 살려 자신을 더 빛나게 만들었고 다양한 관점에서 바라보기 위해 노력했다. 단점이라 생각했던 것들의 순기능을 찾으면서 긍정적으로 받아들이고, 단점을 극복하기 위해 노력하며 얻을 수 있었던 것들까지 생각하면서 자신을 입체적으로 바라보며 수용하기 시작했다.

그림책 심리처방전

하나　나의 외모 중 마음에 들지 않는 부분 또는 바꾸고 싶은 부분은 어디인가요? 약점이라고 생각되는 외모를 조금 다른 관점으로 보면 어떻게 말할 수 있을까요?

둘　마음에 들지 않는 단점을 극복하려고 노력하는 과정에서 도움을 받거나 덕분에 성장한 경험은 없나요?

26

스물여섯 번째 상담

더럽혀진 내 몸이 수치스러워요

자신을 솔직하게 드러내기

《자전거 못 타는 아이》

장자크 상페 글·그림, 최영선 옮김, 열린책들, 2018

누구나 사랑하는 사람에게도 말하기 어려운 비밀이 있다. 나 또한 30년 가까이 함께 살아온 남편에게도 말하지 않은 비밀이 있다. 30대 중반의 경미 씨 역시 혼자 간직한 비밀이 있다. 그 비밀 때문에 결혼까지 생각했던 남자 친구와도 헤어지고 상담을 받으러 왔다. 상담을 받으면서도 경미 씨는 안절부절하며 비밀을 말할까 말까 주저했다. 사랑하는 사람과 헤어진 후 힘든 자신에 대해 이야기를 하자면, 비밀을 털어놓아야 할 것 같은데 용기가 나지 않는다고 울먹거렸다.

경미 씨는 어릴 때부터 알코올중독이었던 아버지 밑에서 자라면서 가정폭력에 시달렸다. 어머니가 계시긴 했지만, 어머니 역시 날마다 괴롭힘을 당하고 있었기 때문에 경미 씨에게 아무런 도움이 되지 못했다. 경미 씨는 그런 가족에게서 멀어지고 싶었다. 집에서 빨리 벗어나고 싶어서 고등학교를 졸업하자마자 독립했다. 그런데 막상 혼자 살게 되니 경제적으로도 어렵고 심리적으로도 외로워 20대 때 많이 방황했다. 내키는 대로 하루하루를 보내다 보니 방탕한 생활을 하게 되었고, 원치 않는 일을 겪으면서 어두운 비밀을 가지게 되었다. 그런 자신의 과거 때문에 사랑하는 사람이 떠났다는 사실에 경미 씨는 또 다시 좌절하면서 스스로를 비난하고 질책하게 되었다. 실연당한 자신의 아픔보다 자기가 남자 친구를 힘들고 아프게 했다는 사실에 죄책감을 느끼며 날마다 괴로워했다.

《자전거를 못 타는 아이》는 자전거 수리점을 하는 라울 따뷔랭의 이야기이다. 따뷔랭은 자전거 수리의 대가지만 자전거를 탈 줄 모른다는 어처구니없는 비밀을 가지고 살아가고 있다. 따뷔랭은 어릴 때부터 자전거를 타기 위해 불굴의 의지로 노력하지만 끝내 균형을 유지하는 법을 터득하지 못해 자전거를 탈 줄 모른다. 이 점을 극복하기 위해 따뷔랭은 자전거를 누구보다 열심히 공부해서 그 분야의 전문가가 된다. 따뷔랭이 사는 동네에서는 어느 분야의 전문가가 되면 그 사물의 이름 대신 전문가의 이름으로 부르는 풍습이 있다. 그래서 자전거 전문가인 따뷔랭의 이름을 따서 자전거를 따뷔랭이라고 부른다. 따뷔랭 창조자인 따뷔랭은 자기의 명성과 조화를 이루지 못한 채로 살아가고 있어 이 사실이 알려질까 봐 늘 전전긍긍한다. 그러다가 마을에 새로 이사 온 사진사 피구뉴가 자전거 탄 따뷔랭을 찍고 싶다고 간청하면서 어쩔 수 없이 마을 언덕에 자전거를 끌고 올라간다. 사진을 찍으려는 피구뉴 앞에서 따뷔랭은 또 균형을 잃고 언덕에서 자전거와 함께 붕 뜨는 모습이 사진에 포착되어 유명해진다. 그래서 피구뉴에게 자신의 비밀을 털어놓으려 했던 따뷔랭은 사진사이면서 사진을 잘 못 찍는 피구뉴의 비밀을 듣고 그냥 돌아온다.

따뷔랭이나 경미 씨처럼 자신의 비밀을 부끄럽게 느낄 때 우리는 수치심을 느낀다고 한다. 이런 수치심은 외부 세계로부터 거절당할까 봐 자신의 비밀을 노출하고 싶어 하는 바람을 방어하는 감정이다. 미국의 심리학자 브레네 브라운(Brene Brown)에 따르면, 죄책감은 자신의 행위, 즉 자기가 한 행동에 대해 부끄럽게 여기는 감정이지만, 수치심은 자기 자신을 부끄럽게 여기는 감정이라고 한다. 자기 자신에게 손가락질하는 수치심은 누군가에게 자기 이야기를 솔직하게 털어놓았다간 비난받을 것 같고, 큰일이 일어날 것 같아 혼자서 전전긍긍하게 만드는 다소 위험한 감정이다. 수치심은 대부분 어린 시절 느꼈던 감정, 즉 과거에 자신 겪었던 부끄러운 일을 다시 경험하면서 느끼게 된다. 그러므로 이 사실을 인지한 다음 자신의 어린 시절을 돌아보며 언제 그런 부끄러움을 경험했는지, 왜 그렇게 느꼈는지 탐색해볼 필요가 있다. 그리고 수치심이 느껴질 때마다 괜찮은 척하거나 아무렇지 않은 척하면서 외면하거나 방어하지 말고, 상처가 있지만 나을 것이란 믿음으로 스스로 다독여주는 것이 좋다.

경미 씨는 자신의 수치심이 언제 어떻게 시작되었는지 떠올리는 과정에서 육촌 오빠가 자신을 성폭행했던 아픈 기억을 떠올리고 한참 동안 울었다. 자신의 잘못이 아님에도 자신이 잘못 처신해서 그런 일을 당했다고 생각하고 있었으며, 누구에게도 말할 수 없을 만큼 수치스러워서 기억 저편에 억압하고 있었음을 깨달았다. 육촌 오빠 때문에 더럽혀진 자신은 아무런 가치가 없는 사람이라고 여겨 20대를 그렇게 방탕하게 보냈다는 걸 깨닫고 불같이 화를 내기도 했다. 피해자인데도 불구하고 죄지은 사람처럼 숨어 지내듯 살아온 자신과 달리 가해자는 너무나도 떳떳하게 살고 있다는 사실을 용납할 수 없다며 분노가 치밀어 오른다고 했다. 그러면서도 성적 욕구가 치밀어오를 때마다 유흥가에서 만난 남자들과 하룻밤을 즐기는 자신을 이해할 수 없어서 힘들었다고도 말했다.

사람들은 수치심을 느끼면 어쩔 줄 몰라 하며 숨기기 바쁘며, 회피를 먼저 선택한다. 그러나 부끄러웠던 경험이나 자신만의 비밀을 털어놓아도 비난받거나 거절당하지 않는다는 사실을 몸으로 체험할 때, 그 상처가 조금씩 치유되는 것을 느낄 수 있다. 그러므로 수치심을 극복하려면 용기를 내 믿을 만한 사람에게 가시처럼 박혀 속으로 곪아가던 상처를 꺼내는 시도를 해야 한다. 누구에게도 할 수 없었던 부끄러운 이야기나 아픈 경험을 이야기하며 공감받는 경험만이 수치심을 가볍게 만든다. 경미 씨도 자신의 상처와 직면할 용기를 내고 오랫동안 힘들게 했던 아픈 기억을 떠올리고 이를 솔직하게 이야기하면서 상처를 조금씩 치유해나가기 시작했다. 경미 씨는 수치심을 드러내면서 그럴 수 있다는 공감과 그럴 수밖에 없었던 자신에 대한 이해를 통해 자신에게 문제가 있는 것이 아님을 깨달았다. 자신이 얼마나 소중한 사람인지 알려주는 대상이 부족했을 뿐, 그대로의 모습으로 충분히 가치 있는 존재이므로 스스로를 돌보아야 할 필요가 있음도 인식했다.

그래서 자신의 단점을 너무나 잘 알고 있는 경미 씨에게 그 반대편에 있는 긍정적인 부분을 함께 찾아보자고 제안했다. 처음에는 자신에게 좋은 점이라곤 눈 씻고 찾아보려고 애를 써도 없다고 말했다. 하지만 미래를 위해 편입을 했고, 무사히 대학을 졸업하고, 새로운 미래를 꿈꾸며 대학원 진학에 성공했다는 사실을 이야기해주자 비로소 자신에게도 좋은 면이 있다는 것을 떠올렸다. 경미 씨와 함께 그동안 이룬 것, 다른 사람을 도와준 것, 긍정적인 부분, 좋아하는 것 등을 탐색하면서 자신을 행복하게 하는 것에 주의를 기울였다. 잠깐이나마 경미 씨를 미소 짓게 할 수 있는 일을 떠올리며 목표를 향해 달려가는 이미지를 머릿속으로 그리는 연습과 함께 꾸준히 노력했다. 그리고 그 목표를 멋지게 달성해낸 자신의 모습을 구체적으로 상상하는 훈련을 하면서 경미 씨는 점점 밝은 모습으로 변해나갔다.

그림책 심리처방전

하나　평소 자신의 장점, 노력해서 성취한 것 등에 대한 목록을 꾸준히 작성해보세요. 자신이 못났다고 생각되거나 부족하고 부끄럽다 생각될 때마다 이 목록을 꺼내보세요.

둘　창피하게 생각하는 비밀이나 상처가 언제 어떻게 형성되었는지 곰곰이 생각해보세요. 그리고 그 경험이 자신에게 어떤 영향을 미치는지 찬찬히 따져보세요. 이 비밀을 알게 된 주변 사람들의 반응을 생각해보고 그렇게 예상하는 까닭도 함께 생각해보세요.

27

스물일곱 번째 상담

정말 엄마처럼 살고 싶지 않았어요

적당히 떨어져서 엄마 바라보기

《나는 사자》

강혜원 글·그림, 비룡소, 2021

40대 초반의 은이 씨는 어린 시절 늘 바쁜 엄마가 싫었다. 큰엄마 대신 할머니 할아버지를 모시고 사느라 한시도 한가할 시간이 없는 엄마가 바보처럼 보였다. 명절 때마다 친척들에게 퍼주기 급급했던 엄마를 보면서도 제 잇속 하나 못 챙기고 희생만 하는 것 같아 한심하다고 생각했다. 궂은일은 도맡아 하면서 자기 몫은 못 챙기는 엄마를 보면서 은이 씨는 속상했고, 절대 엄마처럼 살지 않겠다고 다짐하고 또 다짐했다. 그 덕분인지 은이 씨는 남들 보기에 그럴듯한 직업도 가졌고, 남들이 부러워하는 직장에 취직도 했다. 한없이 희생만 하는 엄마가 미워서 가족을 위해 희생하는 삶은 살지 않겠다고 다짐하며 자란 은이 씨는 자기 일을 똑 부러지게 해내는 멋진 직장인이 되었다. 은이 씨는 자신이 남부럽지 않게 잘살고 있다고 생각하며 스스로 대견스러워했다.

하지만 은이 씨는 자신 또한 엄마가 그러했듯 아이들에게 바쁜 엄마로 인식되고 있다는 사실을 전혀 생각하지 못했다. 엄마 품이 그리운 다섯 살 아들이 퇴근한 은이 씨에게 매달리며 찡찡대는 게 너무 성가시고 짜증스럽게 느껴졌다. 아들뿐만 아니라 딸 또한 이해할 수 없었다. 초등학교 3학년인 딸은 매일 아침 은이 씨가 출근할 때마다 "엄마, 오늘은 일찍 올 거야?"라고 물어보는데, 그런 딸이 한심하게만 느껴졌다. 날마다 할 일이 태산이어서 일찍 퇴근하는 게 저녁 8~9시이고 대부분 밤 10~11시에 퇴근하는 엄마를 보면서 하루도 빼놓지 않고 말도 안 되는 질문을 하는지 이해할 수가 없었다. 그래서 은이 씨는 신발을 신으면서 단 1초의 망설임 없이 "일찍 못 와. 엄마 바쁜 거 알면서 왜 그래?"라고 딱 잘라 말하곤 했다. 어쩌다 하루 휴가를 내 집에서 쉬는 날도 마찬가지였다. 엄마 꽁무니를 졸졸 따라다니는 딸이 힘겹게만 느껴지는 은이 씨는 둘째인 아들을 낳고도 아이를 돌보는 것보다 일하는 게 더 편해서 출산휴가 3개월을 다 쉬지 않고 출근했다. 그때부터 지금까지 토요일이든 일요일이든 무조건 하루는 출근해서 주중에 완수하지 못한 일을 처리하고 있다.

《나는 사자》의 주인공 암사자는 넓은 초원에 산다. 거친 야생에서 살기 때문에 혼자서 사는 것은 매우 위험하다. 그래서 다른 사자들과 함께 무리를 지어 살아간다. 암사자는 어미 사자가 그러했듯 자기 배 속에 있는 생명을 안전하게 지키면서 밝은 눈으로 먹잇감을 발견하고 전력 질주로 뛰어서 사냥을 한다. 암사자는 새끼 사자를 낳아 기르면서 다른 암사자들과 함께 힘을 합쳐 사냥하고 먹이를 나눠 먹으며 수많은 위험으로부터 새끼를 보호한다. 그리고 새끼 사자가 혼자서 살아갈 수 있도록 가르친다. 암사자는 새끼 사자들에게 "내 안에서 자라고, 나를 통해 세상에 나온 사랑하는 아기들. 나는 엄마에게 배운 것들을 가르쳐줄 거야. 모두 다!"라고 말하며 자신이 어미에게 배운 것들을 행동으로 하나씩 보여주며 새끼 사자들이 배우고 익혀야 할 것들을 성심성의껏 가르친다. 새끼 사자가 독립할 때가 되면, 암사자는 조금은 냉정하게 그러면서도 의연하게 새끼 사자를 떠나보내며 자기에게 주어진 삶을 강인하게 살아간다. 암사자 역시 어미에게 배운 대로.

업무 스트레스로 상담받으러 온 은이 씨는 자기 이야기를 하면서 자꾸 엄마가 떠오른다고 말했다. 위로 형님이 세 명이나 있는 막내며느리면서도 엄마는 할머니 할아버지를 모시고 살았다. 시어른들과 살다 보니 1년에 15번이나 되는 제사를 지내야 했고, 명절은 물론 평상시에도 친인척들이 은이 씨 집을 수시로 드나들었기 때문에 집은 늘 사람들로 북적이곤 했다. 그런데도 엄마는 혼자서 큰 살림을 다 꾸려나갔다. 그러면서 한마디 불평도 하지 않았다. 기꺼운 마음으로 제사를 모시고, 어르신들을 대접하고, 친인척을 보살폈다. 그 덕분에 엄마는 환갑이 되기도 전에 허리가 굽었고 손가락 마디마디가 퉁퉁 부어올라 밤마다 끙끙 앓았다. 그런데도 "네가 우리 집 보배다" "숙모가 최고예요" "고모가 안 계시는 우리 집안은 생각할 수도 없어요"라고 말하는 사람들 때문에 항상 해맑게 웃기만 했다.

일본의 가족 심리전문의 가야마 리카는 딸은 엄마를 좋아하지 않는 자기 자신을 미워하면서도 자신을 지배하는 엄마에 대한 원망 때문에 죄책감을 느끼며 자신을 혐오한다고 말했다. 은이 씨 역시 늘 바쁜 엄마를 부정하며 자신은 어머니와 다른 삶을 살겠다고 다짐하면서 어머니를 원망했다. 그래서 은이 씨는 엄마를 미워하는 마음 때문에 죄책감에 시달리고 있었다. 여기에 부모에게 효도해야 한다는 사회적 인식과 엄마를 미워하는 불효녀가 되어서는 안 된다는 도덕적 가치관이 더해지면서 은이 씨는 자신을 더욱 질책할 수밖에 없었다. 어머니는 대부분 자신의 열망과 딸에 대한 기대를 잘 구분하지 못한다. 그래서 자신도 모르게 같은 여자인 딸을 통해 자신의 못다 이룬 꿈을 실현시키고자 하는 경향이 있다. 그 덕분에 딸과 엄마는 정서적으로 너무 밀착되어 있거나 반대로 너무 멀리 떨어져 있게 되면서 갈등을 겪고 관계를 악화시키곤 한다. 이를 해결하기 위해선 우선 엄마와의 애증 관계를 탐색하고 '같은 여자로서의 엄마'를 이해할 수 있어야 한다. 그다음 엄마의 어린 시절 상처나 아픔을 탐색하면서 '원가족 속에서의 엄마를 이해'할 수 있어야 한다. 그래야 엄마가 지금의 나에게 어떤 영향을 미치고 있는지 객관적으로 파악할 수 있기 때문이다. 마지막으로 갈등을 해결하기 위해 엄마와 딸이 합심해 노력해야 한다. 각자의 입장에서 바라고 원하는 것들을 이야기하면서 서로 조율하고, 둘의 차이를 줄임으로써 갈등을 해결하고 화해를 해나갈 수 있기 때문이다.

은이 씨가 어머니 이야기를 할 때 나는 지금의 은이 씨 모습이 친정어머니의 모습과 겹쳐 보였다. 자기는 엄마와 완전히 다른 삶을 살아가고 있다며 처음에는 펄쩍 뛰던 은이 씨였지만, 얼마 뒤 동전의 앞면과 뒷면처럼 자기 삶이 어딘지 모르게 엄마를 닮았다는 것을 인정하며 속상해했다. 늘 바쁘게 살았기 때문에 자식들이 엄마의 보살핌을 원하게 만든다는 것이 꽤 닮았다며 씁쓸해했다. 이런 은이 씨와 함께 자신의 삶 속에 스며들어 있는 엄마의 모습을 하나씩 찾아보면서 엄마를 조금씩 이해해나가기 시작했다. 같은 사람으로서 엄마를 바라보기도 하고, 같은 여자로서 엄마를 생각해보면서 자신의 삶과 엄마의 삶을 객관적으로 바라보고 이해하게 되면서 은이 씨는 내면에 숨겨진 미움이 조금씩 풀리는 것을 느낄 수 있었다. 점차 아이들의 마음도 이해할 수 있게 되었고, 아이들의 욕구를 어떻게 받아들이고 대해야 할지 알 수 있었다.

그림책 심리처방전

하나 엄마의 모습 가운데 유난히 닮기 싫었거나 보기 싫었던 모습에는 어떤 것이 있나요? 그런 엄마를 볼 때 어떤 감정이 느껴졌는지 가만히 떠올려본 후 솔직하게 이야기해보세요.

둘 엄마를 통해 배운 것들 가운데 내 자식이나 다른 사람에게도 알려주고 싶은 것은 무엇인지 생각해보세요.

28

스물여덟 번째 상담

잠시만 떨어져도 무슨 일이 생길 것만 같아요

아이를 떠나보낼 용기 내기

《우리는 언제나 다시 만나》

윤여림 글, 안녕달 그림, 위즈덤하우스, 2017

아이들이 어릴 때부터 강아지를 키우고 싶다고 노래를 불러댔지만 나는 연년생에 가까운 아이 둘 키우기도 버거워 엄두가 나지 않았다. 그래서 “엄마는 지금 너무 힘들어서 강아지 못 키워. 강아지를 진짜 키우고 싶으면 나중에 너희들이 독립했을 때 맘대로 해. 그 전엔 절대로 반려동물은 안 돼”라고 엄포를 놓았다. 그런데 대학생이 된 후로 가끔 유기견 센터에 봉사를 다니던 아들이 어느 날 강아지를 한 마리 데리고 왔다. 어미가 새끼를 낳은 지 며칠 지나지 않아서 교통사고로 죽었다고, 그래서 눈도 못 뜬 강아지 세 마리가 신발 상자에 담겨 유기견 센터에 왔는데 너무 불쌍해서 어쩔 수 없었다고 했다. 그 말을 들으니 이미 데리고 온 어린 생명체를 내칠 수 없어서 순순히 받아들였다. 한 마리면 너무 외로울 것 같다며 아이들은 같은 유기견 센터에서 강아지 한 마리를 더 입양했다. 그렇게 진도 허스키 믹스견인 우리, 닥스훈트 보더콜리 믹스견인 나래가 우리 집 셋째와 넷째가 되었다.

딸은 평생의 소원이 이렇게 쉽게 이루어지다니 믿을 수 없다며 눈만 뜨면 강아지들에게 뽀뽀 세례를 퍼부으며 못살게 굴곤 한다. 아들 역시 어쩌다 외출했다가도 몇 시간 못 지나 귀가를 한다. 강아지들은 아무렇지도 않게 잘 지내는데, 딸 아들은 마치 아이를 다른 사람에게 맡기고 나온 엄마처럼 불안해하며 전에 없이 일찍 들어왔다. 아이들은 자기들 상태를 순순히 인정하면서 강아지 분리불안이 매우 심각하다고 이야기하곤 한다. 실제로 딸은 1년 중 가장 큰 학과 행사인 졸업작품 상영회에 갔을 때 집에 강아지들만 있다는 것이 너무 불안해 행사 도중 사람들에게 양해를 구하고 서둘러 귀가한 적도 있다. 아들 역시 군입대 후 훈련소에서 강아지가 자꾸 생각나 눈물까지 찔끔 흘렸다고 말했다.

두 아이 모두 강아지 사진이 핸드폰 앨범을 가득 채우고, 프로필 사진마저 강아지 사진으로 도배했다. 아기 엄마들이 고만고만한 아이들을 데리고 만나면 아기 이야기를 하느라 시간 가는 줄 모르는 것처럼 아이들도 강아지 키우는 지인들을 만나면 서로의 강아지 이야기를 하며 시간 가는 줄 모를 때가 종종 있다고 말한다. 그래서 아이들과 함께 《우리는 언제나 다시 만나》를 읽으며 자연스럽게 아이들을 키운 내 경험과 강아지를 키우면서 느끼는 지금의 감정에 관해 이야기를 나눴다.

《우리는 언제나 다시 만나》의 주인공인 엄마는 아이에게서 잠시만 떨어져도 무슨 일이 생길까 봐 걱정한다. 아이들은 볼일이 있어도 후다닥 처리하고 금방 아이 옆으로 돌아오는 주인공을 보면서 학교 갔다가 서둘러 귀가하는 자기들 같다며, 아이 키우는 엄마 심정이 이런 거냐며 물어왔다. 자기들 키울 때 엄마도 이랬냐는 질문을 해놓고, 이내 자기들끼리 20대에 엄마가 되었으니 어린 엄마가 뭘 알았겠냐며 당연히 그랬을 거라며 웃었다. 그래서 "야, 여기 보이지? 너희들은 강아지보다 더했어. 얘는 화장실 문을 두드리며 기다리기라도 하지, 너희들은 엄마가 볼일 볼 때도 안 떨어지려고 악을 쓰며 울어서 엄마가 업고 들어갔잖아"라고 말했더니 "그건 좀 너무했다. 아무리 울어도 어떻게 볼일 볼 때 아기를 데리고 들어가?"라고 답했다.

일반적으로 분리불안은 아버지나 어머니 같은 주 양육자와 떨어지는 것에 대해 불안을 느끼는 심리를 말한다. 애착 대상인 주 양육자가 함께 있지 않을 때, 어린아이가 애착 대상이 떠난 것에 대해 슬퍼하며 불편한 감정을 울거나 몸부림치는 등의 행동으로 표현하는 것이다. 《우리는 언제나 다시 만나》의 엄마가 쓰레기를 버리러 잠깐 나갔다 오는 동안 아이가 자지러지듯 우는 것도 이런 불안에서 비롯

된다. 주 양육자인 부모나 자신, 또는 애착 대상에게 갑작스러운 일이 생겨서 다시 보지 못할 것 같은 불안감을 느끼기 때문에 아이는 주변을 적극적으로 탐색하지 못하고 우는 것이다. 분리불안이 심한 아이는 또래에 비해 부모에게 과하게 의존적이거나 부모의 사랑을 지나치게 갈구하는 경향성을 보인다. 애착 대상이 항상 자기 옆에 있기를 희망하며, 잠깐이라도 자리를 비우면 불안해하는 모습을 보이기 때문에 일상생활에도 심각한 불편함을 초래한다. 그러나 까꿍 놀이처럼 사라진 엄마가 금방 다시 나타난다는 것을 깨달으면 아이들은 더 이상 불안해하지 않는다. 유치원에 갔다 와도, 그보다 더 오랜 시간 동안 떨어져 있어도 엄마를 다시 만날 수 있다는 믿음을 갖게 되기 때문이다.

《우리는 언제나 다시 만나》 주인공 아이는 엄마랑 떨어지는 게 싫어서 유치원에 안 가겠다고 울지만 어느새 자라서 혼자 캠프를 떠난다. 하지만 엄마는 아이 방에 우두커니 앉아 아이에 대한 걱정과 불안으로 잠을 이루지 못한다. 아이는 자라면서 분리불안을 극복했는데, 엄마가 분리불안을 겪는 것이다. 우리 아이들이 강아지에게 분리불안을 느끼는 것처럼. 그렇지만 엄마 또한 이런저런 일로 아이와 떨어져 지내는 경험을 하면서 자신의 분리불안을 이겨내고 아이에게 말한다. 세상을 훨훨 날아다니다가 쉬고 싶을 땐 언제든지 돌아오라고. 그러면 엄마는 너를 환영하며 꼭 안아줄 것이라고. 아무리 멀리 떨어져 있어도 우리는 언제 어디에서나 다시 만날 수 있고, 언제나 너를 응원할 거라고.

최근 발달심리학에서는 부모의 분리불안, 특히 엄마의 분리불안에 대해 주목하고 있다. 발달심리학자들은 "아이를 혼자 남겨두거나 떨어져 지내는 것에 관한 서운함과 걱정, 불안과 죄책감 등의 불쾌한 감정"을 부모의 분리불안이라고 정의한다. 일본의 발달심리학자 가쿠바리 게이코는 양육자인 엄마가 아이와 떨어져 있으면 아이에게 무슨 일이 생길까 걱정하기도 하지만 반대로 엄마 스스로 아이에게 의존하기 때문에 분리불안을 느낀다고 했다. 이를 극복하기 위해서는 배우자가 적극적으로 심리적 지원을 해야 하며, 일상생활 속에서 다른 사람과 자주 대화하며 불안한 마음을 다스리도록 노력해야 한다고 말했다.

그림책 심리처방전

하나　아이나 배우자 등 애착 대상과 떨어질 때 어떤 감정이나 생각이 드는지 가만히 들여다보세요. 서운한 감정이 들거나 허전한 마음이 들 때 어떻게 하면 좋을지 같이 생각해보세요.

둘　감정에 라벨링하는 것만으로도 불필요한 감정 소모를 줄일 수 있어요. 불안이 심할 때는 그 감정이 정확하게 어떤 감정인지 탐색해보고 적절한 이름을 붙여보세요.

29

스물아홉 번째 상담

성적 불쾌감 때문에 나를 탓하게 돼요

자기 잘못이란 비난 멈추기

《슬픈 란돌린》

카트린 마이어 글, 아네트 블라이 그림, 허수경 옮김, 문학동네어린이, 2003

20대 중반의 민지 씨가 어렵게 센터를 방문했다. 전화로 접수할 때부터 굉장히 조심스럽게 이것저것 물어봤는데, 센터를 방문했을 때도 무척 긴장한 것처럼 보였다. 상담 초기에도 행여나 실수하지 않을까 불안해했으며, 센터에 오가면서도 혹시나 아는 사람을 만날까 봐 노심초사하며 모자를 깊숙이 눌러쓰곤 했다. 첫 상담에서 비밀보장의 원칙에 대해 충분히 안내했음에도 불구하고 민지 씨는 상담 동안에도 여러 번 반복해서 비밀이 보장되는지 확인했다. 민지 씨는 재수 끝에 어렵게 들어간 대학교에서 안 좋은 경험을 했다고 말했다. 원래 목표한 대학은 아니지만 민지 씨는 설렘 반 기쁨 반, 희망찬 마음으로 신입생 오리엔테이션에 참가했다. 으레 그러하듯이 선배들이 이끄는 대로 이런저런 활동을 마친 뒤 마음 맞는 사람들끼리 술자리를 가졌다. 재수생에서 대학 새내기가 된 민지 씨는 해방감과 함께 대학 생활에 대한 부푼 기대와 설렘으로 술자리를 편안하게 즐겼다.

《슬픈 란돌린》의 주인공 브리트는 유치원에 다니는 여자아이이다. 브리트에게는 부드럽고 큰 귀를 가진 '란돌린'이란 인형이 있는데, 끌어안고 비비기에 딱 좋은 크기의 동물 인형이다. 침대에 누워 털이 보송보송한 란돌린을 꼭 끌어안고 비빌 때 브리트는 너무 행복했다. 그런 브리트와 란돌린이 똑같이 좋아하는 건 이웃집에 살고 있는 프레리히 아주머니에게 놀러 가는 것이다. 아주머니는 연극 무대를 꾸미는 일을 하는데, 브리트와 란돌린이 작업실에 놀러 오면 신이 나서 함께 재미있게 놀곤 했다.

지긋지긋한 재수 생활을 마치고 한껏 부푼 마음으로 대학 생활을 시작한 민지 씨에게 치유하기 힘든 상처가 생겼다. 민지 씨는 아무리 좋은 사람들과의 술자리라도 그날 그렇게 술을 많이 마시면 안 되었다며 후회를 했다. 민지 씨는 만취해서 정신을 잃은 자신을 계속 비난했다. 브리트처럼 매일 울면서 후회를 했으나 나아지는 것은 아무것도 없었다. 민지 씨처럼 브리트도 아무에게도 말하고 싶지 않은, 말하면 안 될 것 같은 비밀이 있었다. 브리트는 그 비밀을 그냥 마음속에만 간직하고 있을 수밖에 없어서 인형인 란돌린에게 털어놓았다. 브리트가 저녁에 방으로 들어와 란돌린 귀에 대고 비밀을 속삭이며 아파할 때마다 란돌린은 속상하고 슬펐지만 그저 지켜볼 수밖에 없었다.

브리트에게는 얼마 전부터 새아빠가 생겼다. 새아빠가 된 아저씨는 함께 살기 전 브리트에게 선물을 사주며 예뻐하곤 했는데, 같이 살면서부터는 브리트 몸을 마구 비비거나 침대로 데려갔다. 싫다고 해도 아저씨는 브리트의 입을 막고 놓아주지 않았고, 아파서 도망가려고 해도 아저씨는 브리트를 더 아프게 했다. 민지 씨는 같은 학과 선배가 자기 숙소로 민지 씨를 데려가 강제로 성관계를 맺으려고 했을 때 아무것도 할 수 없었다. 만취 상태였지만 민지 씨는 성관계를 가지기 싫다고 분명하게 말했다. 하지만 선배는 아랑곳하지 않고 힘을 써서 민지 씨를 침대에 눕혔고, 힘으로 제압하려는 선배를 여러 번 밀쳐냈지만 소용없었다. 선배는 민지 씨를 무시했고 아저씨도 브리트에게 둘만의 비밀이니 아무에게도 말하지 말라고 겁주었다. 선배가 민지 씨에게 겁을 주진 않았지만, 민지 씨는 이 사실을 다른 사람들에게 알리기가 두려웠다. 특히 부모님이 알게 된다면 충격을 받을 것 같았고, 학교도 제대로 다니지 못할 것 같아 혼자 끙끙거리며 힘들어했다. 브리트 역시 민지 씨처럼 무엇을 어떻게 해야 할지 몰랐기 때문에 아무것도 할 수 없었다.

민지 씨가 다음 날 아침 일어났을 때 선배는 아무 일도 없었다는 듯이 민지 씨에게 잘 잤냐고 물었다. 같이 해장국을 먹으러 가자고 했을 때도 뿌리치고 집으로 올 수가 없었다. 어렵게 들어온 대학인데 학기가 시작하자마자 이런 일이 생겼다는 게 알려지면 학교를 다닐 수 없을 것 같았고, 엄마 아빠가 알면 학교를 그만둬야 할 것 같아 겁이 났기 때문이다. 그래서 몇 날 며칠을 고민해봤지만 딱히 떠오르는 묘책이 없었다. 어린 브리트도 여러 날 동안 란돌린과 함께 고민했지만 엄마에게 나쁜 일이 생길까 봐 망설이다 도와줄 사람을 겨우겨우 생각해냈다. 브리트는 다음 날 아침 유치원 대신 이웃집에 살고 있는 프레리히 아주머니를 찾아갔고 아주머니의 도움을 받아 다른 사람들과 함께 문제를 해결해나가기 시작했다.

피해자인 민지 씨는 죽을 만큼 고통스러운 상황에서 학교에 다니는데, 가해자인 선배는 떳떳하게 학교를 다니고 있었다. 전과 다름없는 그 모습을 보기가 힘들었다. 민지 씨를 마주쳐도 피하기는커녕 자취방에서 함께 시간을 보내자는 말을 은근슬쩍 하곤 했다. 이런 상황이 민지 씨를 더 힘들게 했고, 자신만 힘들어하는 것이 억울하고 부당하게 여겨져 더 힘들었다. 그래서 민지 씨는 용기를 내어 학교 부속 기관인 인권센터에 이 사실을 알리기로 했다. 그날 술자리에 같이 있었던 동기 두 명도 수업에 자주 빠질 뿐만 아니라 그늘진 얼굴로 마지못해 학교에 오가는 민지 씨를 위해 인권센터에 가는 걸 동행해주는 등 적극적으로 도와주었다. 인권센터에서 정식으로 사건을 접수하고 조사를 시작하면서 희희낙락거리며 학교를 다니던 선배는 민지 씨에게 뒤늦은 사과를 해왔다. 또한 학과 행사에서 공개 사과를 하고, 학교에서 민지 씨와 다시 마주칠 일이 없도록 자퇴는 물론 민지 씨의 상담비도 모두 지불하기로 했다.

수치심은 가해자가 느껴야 할 부끄러운 감정이다. 그런데 우리 사회 곳곳에서는 수치심을 피해자에게 요구하고 암묵적으로 '피해자다움'을 강요한다. 그래서 피해자 대부분은 수치심으로 힘들어한다. 성추행이나 성폭력 등 피해를 경험한 사람이 가지게 되는 수치심은 반드시 바로잡아야 한다. 최근 이러한 사회적 인식에 영향을 받아 성적 수치심을 성적 불쾌감으로 바꾸어 명명하려는 움직임이 활발해지고 있어서 다행이지만, 민지 씨 같은 피해자는 지나치게 온정적인 시선이나 낙인찍기 등으로 인해 견디기 힘든 시간을 겪는 경우가 많다. 사회학자이자 수치심과 취약성 전문가로도 활동하고 있는 브레네 브라운은 이런 수치심을 흠집이 나서 위축되고 제대로 평가하지 못하는 감정이라고 했다. 수치심은 자신을 잘못된 존재로 인식하게 해 죄책감보다 훨씬 더 심각한 문제를 일으킬 뿐만 아니라 다른 사람들로부터 자신을 소외시켜 관계를 무너뜨리므로 반드시 치료해야 한다고 주장했다. 피해자 대부분이 자기 잘못이 아님에도 불구하고 수치심을 느끼며 스스로를 비난한다. 민지 씨처럼 자신이 술에 취하지만 않았어도 그런 일은 겪지 않았을 것이라 자책하는 경우도 많은데, 이는 명백히 가해자의 잘못임을 인식하고 죄책감과 수치심에서 벗어나야 한다. 또 가해자에 대한 분노는 지극히 당연한 감정이므로 충분히 표출하도록 도와야 하며, 오히려 제대로 된 삶을 살아갈 수 없다는 절망감을 표현하면서 불안을 조절할 수 있도록 해야 한다. 이와 동시에 자신이 더럽혀졌다는 생각으로 존재 가치를 부정하며 자신을 함부로 대하지 않도록 도울 필요가 있다.

그림책 심리처방전

하나 불안과 수치심이 느껴질 때마다 자신에게 "내 잘못이 아니야" "그땐 어쩔 수 없는 상황이었어"라는 말을 반복해서 들려주세요.

둘 성폭력 피해로 인한 합병증이 발생하지 않도록 건강 상태를 확인하고 자신을 챙기도록 노력하세요. 혹시 성폭력 피해 과정에서 쾌감을 느꼈더라도 스스로를 비난하지 마세요. 성추행이나 성폭력이지만 성적인 자극을 받으면 몸이 반응하고 그 쾌감을 느끼게 되는 자연스러운 신체 반응이 나타나므로 자기 비난을 멈추도록 노력하세요.

30

서른 번째 상담

딸아이가 죽은 건 모두 나 때문이에요

사랑하는 사람 떠나보내기

《무릎 딱지》

샤를로토 문드리크 글, 올리비에 탈레크 그림, 이경혜 옮김, 한울림어린이, 2010

필리핀에서 가게를 운영하던 정윤 씨는 둘째 아이 출산이 임박해지자 한국으로 들어왔다. 둘째를 무사히 출산하고 몸조리만 마치면 다시 남편이 있는 필리핀으로 갈 예정이었는데, 코로나 때문에 당분간 아이들과 한국에서 머물기로 했다. 코로나 상황이 예상보다 길어지자 남편도 모든 일을 접고 한국으로 들어와 같이 살기로 했다. 남편이 자가 격리를 하는 동안 혹시 모를 상황에 대비해 남편은 집에서 지내고, 정윤 씨는 아이들을 데리고 시골에 있는 친정에서 잠시 지내기로 했다. 다섯 살 딸아이가 자기를 예뻐하는 외할머니 외할아버지를 좋아하기도 하고, 도심이 아닌 자연 속에서 마음껏 뛰어놀게 하면 좋겠단 생각에서 결정했다. 이제 막 백일이 지난 둘째

아들을 돌보는 게 힘에 부친 정윤 씨 역시 잠깐이라도 엄마가 도와주면 편할 것 같았다.

그런데 부모님이 밭에 일하러 나간 사이 정윤 씨가 둘째 분유를 타느라 분주하게 움직이고 있을 때 첫째 딸아이가 마당에서 놀다가 기계를 잘못 만지는 바람에 사고가 났다. 아이 우는 소리에 놀라 허겁지겁 달려갔지만, 딸아이 손이 기계에 말려 들어가면서 피를 너무 많이 흘려 목숨을 잃고 말았다. 순식간에 일어난 일이라 정윤 씨는 넋을 잃었고, 정신을 차렸을 때는 부모님이 아이의 장례 절차를 밟고 있었다. 사고는 부지불식간에 일어난다고 하지만, 떠나버린 딸아이를 생각하면 너무 허망해 가슴이 무너지는 것 같았다. 아이가 조금이라도 더 재미나게 놀았으면 해서 코로나 위험이 덜한 시골로 왔는데 이런 일이 벌어지다니, 정윤 씨는 모든 게 자기 때문인 것 같아 자책하며 식음을 전폐했다. 그러다 보니 잠깐씩 정신을 놓곤 했는데, 주위에서 갓난아기를 생각하라며 다독여주어서 간신히 일상을 유지하고 있었다.

《무릎 딱지》의 주인공은 오늘 아침 엄마의 죽음을 맞이했다. 밤새 자느라고 아이는 어젯밤에 엄마가 죽은 걸 몰랐으나 아침에 아빠가 말하는 것을 듣고 알게 되었다. 어제저녁 침대에 누운 엄마는 죽음을 인지하고 희미하게 웃으면서 너무 사랑하지만 힘들어서 안아주지도 못하는 데다 영영 떠나게 될 것 같다고 말했다. 아이는 엄마가 조금 쉬었다 돌아오면 된다고, 그때까지 기다리겠다고 말했는데 엄마가 그럴 수 없다고 해서 화를 내며 소리를 질렀다. 엄마는 그렇게 세상을 떠났다. 어쩔 수 없는 일이기에 아이는 울면서 이 사실을 받아들인다. 정윤 씨도 우는 둘째의 분유를 타야 해서 첫째를 제대로 돌볼 수가 없었다고, 어쩔 수 없는 일이라고 생각하려 했지만 잘 되지 않았다. 주인공 아이처럼 정윤 씨가 눈을 떴을 때 달라진 것은 아무것도 없어서 딸아이가 떠났다는 사실이 믿기지 않았다. 그런데도 이제는 딸아이를 만지거나 같이 이야기하거나 함께 먹고 떠들 수 없다는 걸 받아들여야 한다는 것이 화가 났다. 사람들이 아이에게 잘 대해주지만 아무도 엄마가 살아 있지 않다는 걸 말해주지 않듯이 정윤 씨 주변 사람들도 알게 모르게 정윤 씨를 보살피고 있지만, 딸아이에 대해서 아무도 말을 하지 않는다는 게 섭섭하고 짜증이 나고 슬펐다.

아이는 아빠에게 엄마가 잘 떠났다고, 속이 시원하다고 말하면서 엄마가 나빴다고 투덜거린다. 그러면서도 마음껏 슬퍼하지 못하고 남겨진 아빠를 걱정한다. 혼자서 아무것도 하지 못할 아빠 옆에 자기라도 남아 있어서 다행이라고 하지만, 아이 역시 가엾은 아빠를 어떻게 돌봐야 할지 몰라서, 아빠가 자꾸 우는 게 보기 싫어서 아이는 눈물을 뚝뚝 흘린다. 그렇게 며칠이 흐른 뒤 아이는 잠도 자고 싶지 않고 배도 좀 아파서 아빠를 돌보지 못할 정도가 된다. 정윤 씨가 남편은 물론 둘째 아이도 제대로 돌보지 못할 정도가 된 것처럼. 정윤 씨가 딸아이를 기억하기 위해 아이의 물건을 만지작거리듯 아이는 엄마 냄새를 잊지 않으려고 노력한다. 아이의 노력과 상관없이 자꾸 엄마 냄새가 사라지자 냄새가 밖으로 새어 나가지 않도록 아이는 집 안의 모든 창문을 꼭꼭 닫았다. 아빠는 너무 더웠지만 엄마 눈과 똑같은 아이 눈을 보며 말을 못 해 혼자 투덜거리고, "엄마"라는 말만 꺼내도 우는 아빠 때문에 아이는 문을 닫아야 엄마 냄새가 새어 나가지 않는다는 걸 말하지 못했다. 아이는 엄마 목소리가 지워지지 않도록 다른 목소리를 듣지 않기 위해 귀를 막고 입을 다물기까지 했다. 정윤 씨가 마음의 문을 닫고 다른 사람들과 소통하려 하지 않는 것처럼.

아이는 아플 때면 괜찮냐고 묻는 엄마의 부드러운 목소리를 듣는 것 같았고, 눈을 감으면 엄마가 팔을 활짝 벌리고 안아주는 것 같았다. 그래서 눈물이 찔끔 나올 정도로 아프지만 무릎에 난 상처에 딱지가 앉기만 하면 딱지를 뜯어냈다. 상처가 다시 생겨서 피가 또 나오면 엄마 목소리를 들을 수 있을 것 같았기 때문이다. 그런 아이에게 외할머니는 아이 손을 가슴 위에 올려주면서 엄마는 가슴 가운데 쏙 들어간 곳에서 절대로 떠나지 않을 것이란 이야기를 들려준다. 아이는 이 이야기를 듣고 이제는 무릎 딱지를 뜯지 않고 저절로 떨어질 때까지 가만히 둔다. 가슴 위 쏙 들어간 곳에 손을 올려놓고 심장 뛰는 것을 느끼며 편안하게 누워서 잠이 든다. 딸아이를 떠나보낸 정윤 씨도 그리움과 미안함을 마음속에 품고 아이와 함께했던 날을 영원히 기억할 것이라고 말하며 상실에 대한 아픔을 표출하고 또 표출했다.

애도 상담 전문가 윤득형 박사는 예견된 죽음이든 갑작스러운 이별이든 사랑하는 대상을 상실한 후 일상으로 돌아오기 위해서는 누군가 옆에 있어야 한다고 말했다. 옆에서 상실에 관한 극한 감정을 말이나 행동으로 충분히 표현할 수 있도록 기다려주는 게 좋다고 주장한다. 또 떠나보낸 사람의 슬픔과 남겨진 아픔 등을 이야기할 때 섣불리 자신의 경험이나 감정을 투사해서 어설프게 위로하기보다는 가만히 귀 기울여서 들어주는 것이 도움이 된다고 말했다. 다시 말해 누군가를 떠나보냈을 때, 즉 상실의 고통을 겪었을 땐 자신의 슬픔을 충분히 표현할 필요가 있다는 것이다. 정윤 씨가 딸아이를 제대로 돌보지 못했다는 죄책감과 먼저 떠나보냈다는 미안함, 슬픔, 상처, 분노, 혼란스러움 등을 쏟아내고 또 쏟아냈듯 상실의 대상을 충분히 애도할 필요가 있다. 자신의 슬픔을 잘 꺼내고 마음껏 슬퍼하면서 떠나간 대상을 향한 사랑과 고마움, 미안함, 죄책감, 원망과 미움 등의 감정을 충분히 이야기하고 표현할 수 있는 시간을 가져야 일상으로 복귀가 가능해진다.

그림책 심리처방전

하나 가족이나 친구, 반려동물 등 사랑하는 대상을 잃었을 때는 슬프더라도 자신의 감정을 솔직하게 말로 표현하도록 노력하세요. 시간이 많이 흘렀든 그렇지 않든 자신의 감정을 바라보며 충분히 표현해보세요.

둘 떠난 대상과 자신의 관계를 돌아보며 상대방이 자신에게 어떤 의미가 있었는지, 지금 어떤 의미로 남아 있는지 등을 글이나 말로 표현해보세요.

4부

행복과 바람

힘들고 지칠 때 격려가 필요해요 | 온전히 믿고 기다려보려고요 | 개성을 살릴 수 있는 멋진 일을 찾을 거예요 | 이제 행복해지고 싶어요 | 감당할 수 있는 만큼만 할게요 | 누가 뭐래도 나는 나, 이 세상에 유일한 존재예요 | 있는 그대로의 모습을 인정하고 받아들일게요 | 나는 더 이상 엄마의 꼭두각시가 아니에요 | 어떻게 다시 시작해야 할지 모르겠어요 | 지금이 잠시 쉬어야 할 때 같아요

31

서른한 번째 상담

힘들고 지칠 때 격려가 필요해요

격려와 지지 저금하기

《커다란 악어 알》

김란주 글, 타니아손 그림, 파란자전거, 2013

나는 5남매 가운데 막내, 게다가 언니 오빠들과 터울이 많이 나는 늦둥이다. 넷째인 바로 위 오빠와 다섯 살 차이가 난다. 사실 나는 아버지가 낳지 않으려는 걸 어머니가 마지막으로 몸조리를 해보겠다고 우겨서 나은 자식이다. 불행하게도 한창 모내기를 해야 하는 봄날에 태어난 탓에 어머니는 또 제대로 된 몸조리를 하지 못했고, 지금까지도 산후풍을 앓고 있다. 어머니는 어린 나를 두고 "안 낳으려고 한 자식이 효도하며 산다더라"라는 말씀을 하곤 했다. 중학생쯤 되었을 땐 "어디 가서 물어보니 네 덕분에 우리 집안이 먹고 산다고 하더라"라고 말했다. 당시에는 그런 어머니의 말을 대수롭지 않게 흘려들었다. 그러나 상담 공부를 하면서 깨닫게 되었다. 어머니의 그 말이 나의 무의식에 얼마나 깊숙이 박혀 있었는지 말이다. 돌이켜 보면 나는 언제나 최선을 다해 노력하는 사람이었다. 대단히 성공하진 못했지만 늘 더 나은 사람이 되기 위해 하루도 쉬지 않고 노력했다. 일거리가 없으면 스스로 일을 만들어서 할 정도로 별난 사람으로 살아왔다. 나는 어머니의 말씀대로 집안을 먹여 살리기 위해 무던히도 애를 쓰며 살았다.

《커다란 악어 알》의 주인공 엄마 악어가 어느 날 알을 낳았다. 그것도 그냥 알이 아니라 세상에서 가장 큰 알이었다. 모두 알에서 어떤 악어가 태어날지 손꼽아 기다린다. 그동안 악어 가족은 기대를 하게 된다. 이제껏 보아온 다른 알들보다 훨씬 더 크기 때문에 가족들은 알에서 깨어날 새끼 악어가 엄청 크고 힘이 셀 것이라고 기대한다. 그러나 알에서 깨어난 새끼 악어를 보고 가족들은 깜짝 놀란다. 커다랗고 우락부락 힘이 센 악어가 태어날 것이라 생각했는데, 새끼 악어는 가느다란 다리에 조그만 입과 뭉툭한 꼬리를 가진 약한 모습이었다. 악어라고 하기에는 어설퍼 보이는 새끼 악어를 보고 가족들은 약간의 실망과 함께 걱정을 시작한다. 저렇게 약해 보이는데 걸어다닐 수는 있을지, 먹이라도 제대로 잡아먹을 수 있을지 걱정한다. 그런 가족들과 달리 할머니는 새끼 악어 굉장이를 다른 가족과 다르게 대한다. 할머니는 굉장이가 비록 작고 약해 보이지만 커다란 알을 깨고 나왔으니 뭐든지 해낼 수 있을 것이라고 생각한다.

굉장히 배가 고팠던 굉장이는 조막만 한 몸이지만 돌도 씹어 먹겠다는 할머니 말씀처럼 잔뜩 주어진 먹을거리를 모조리 먹어 치운다. 커다란 알을 깨고 나온 굉장이는 코끼리보다 더 튼튼할 거란 할머니 칭찬 덕분에 커다란 알을 벗어던지고 숲속으로 씩씩하게 걸어간다.

내 경우와는 조금 다르지만 굉장이 역시 무던히도 애를 쓰며 살았을 것이다. 어느 때는 부모님이 걱정하는 것처럼 자신이 아무것도 할 수 없을까 봐 속이 탔을 것이고 어느 때는 엄마 아빠가 근심하는 모습을 보며 불안해하며 잠을 설쳤을지도 모른다. 다행히 할머니가 굉장이의 옆을 든든하게 지켜줬다. 커다란 알에서 태어난 작은 악어이기 때문에 엄마 아빠는 제대로 할 수 있는 일이 없을 것이라고 근심한다. 하지만 할머니는 엄마 아빠와 달리 그 작은 몸으로 커다란 알에서 나왔기 때문에 대단하다고, 그러니까 굉장이는 무엇이든 할 수 있을 것이라고 기대하며 긍정적으로 바라보고 칭찬과 격려를 한다. 할머니의 부담스럽지 않은 긍정적인 기대 덕분에 굉장이는 불안한 마음을 조금씩 잠재울 수 있었다. 그리고 두려운 마음을 뒤로하고 자기 앞에 놓인 크고 작은 시험에 하나씩 도전하면서 자신이 마음만 먹으면, 또 노력하면 할 수 있다는 사실을 확인할 수 있었다. 굉장이는 자신의 능력을 확인하고, 자신의 존재 가치에 대한 의심도 거둘 수 있었을 것이다. 할머니의 "내 이럴 줄 알았다니까!"라는 말처럼.

소설가 공지영은 사람을 변화시킬 수 있는 것은 지지와 격려라고 했다. 상처받은 사람의 마음을 보듬어줄 수 있는 지지와 격려를 통해 사람은 변화한다고 말했다. 자동차의 왕 헨리 포드는 주변 사람들의 냉담한 반응 속에서도 아내의 지지와 격려를 받으며 계속 노력했고 마침내 자신의 꿈을 이루어냈다. 알리바바의 창업자 마윈 역시 아내의 지지와 격려를 성공 비결로 꼽았다. 사전적 의미를 찾아보면 '지지한다'는 어떤 사람의 의견이나 행동에 동의한다는 것이고, '격려'는 용기나 의욕이 솟아나도록 북돋아주는 것을 말한다. 지지의 말은 자신감을 심어주고 자존감을 높여주고, 격려의 말은 실패에 대한 두려움을 감소시켜서 도전할 수 있도록 도와준다. 그래서 마음속에 떠도는 수많은 생각을 조절하고 동기를 부여하며 긍정적인 마음을 가질 수 있도록 한다.

굉장이의 할머니처럼 나 자신을 긍정적으로 바라보는 내적 자아가 필요하다. 살다 보면 누구나 자잘한 실수를 하기 마련이다. 그때마다 굉장이 부모님처럼 "어떻게 저렇게 커다란 알에서 이렇게 작은 악어가 나왔을까?" 하고 실망하는 말을 들려주기보다, 할머니처럼 "이렇게 작은 악어가 저렇게 커다란 알에서 나왔으니 정말 굉장하지 않아?"라고 인정하는 말을 들려줄 필요가 있다. 작고 약해 보이는 굉장이의 겉모습만 보고 아무것도 못 할 것이라고 단정 짓고 부정적인 시각으로 바라보는 굉장이 부모님과 달리 작지만 할 수 있다는 희망을 주고 격려와 지지를 해주는 할머니 같은 태도를 가져야 한다. 나 자신은 물론 아이들에게도 지지와 격려를 통해 꿈을 향해 나아갈 수 있도록 자신감을 불어넣을 수 있다.

그림책 심리처방전

하나 힘들고 지친 나는 지금 어떤 격려의 말이 필요할까요? 듣고 싶은 격려의 말을 쓴 다음, 내 이름을 부르며 그 말들을 나지막하게 들려주세요.

둘 지금까지 살아오면서 불안한 나에게 힘과 용기를 주었던 말은 어떤 것들이 있을까요? 가족과 도란도란 이야기를 나누며 걱정과 불안으로 지친 나 자신을 일으켜주는 격려의 말을 적어보세요.

32

서른두 번째 상담

온전히 믿고 기다려보려고요

사랑과 관심으로 버텨주기

《가만히 들어주었어》

코리 도어펠드 글·그림, 신혜은 옮김, 북뱅크, 2019

40대 중반의 영경 씨는 부모님의 반대에도 불구하고 남편만 믿고 20대 중반에 결혼을 했다. 사업을 하는 남편은 처음 몇 년 동안은 잘 나가다가 결혼한 지 4년 되던 해에 사업이 망해 야반도주하다시피 친정 더부살이를 시작했다. 부모님 눈치도 보이고 형편이 어려워서 힘들긴 했지만, 남편과 한마음 한뜻으로 열심히 노력했다. 그러다 보니 5년 뒤 어렵게 재기해서 분가할 수 있게 되었다. 이후로도 여러 번의 사업 실패로 집에 빨간딱지가 붙기도 했다. 그래도 부부니까, 가족이니까 어려움도 함께 나눠야 한다고 생각하며 지금껏 꾹 참고 살아왔다. 아직 갚아야 할 빚이 많기는 하지만 식구들이 모여 살 수 있는 전셋집이라도 있으니 다행이라고 여겼다. 어려운 형편이지만 큰아들이 마음에 드는 짝을 만나 가정을 꾸린 것을 보니 안심이 되기도 하고, 힘들게 살긴 했지만 그럭저럭 잘 살아왔단 생각이 들었다.

《가만히 들어주었어》의 주인공 테일러는 나무 블록 상자로 뭔가를 만들어보기로 했다. 새로우면서도 특별한 것, 뭔가 놀라운 것을 만들었을 때 정말 뿌듯했다. 그런데 어디선가 새들이 날아와 테일러가 쌓아놓은 나무 블록 성을 무너뜨렸고 테일러는 너무 놀라고 말았다. 모든 게 무너져버렸을 때 테일러는 당황한 나머지 그 자리에 주저앉고 말았다. 영경 씨도 처음 남편의 외도를 의심했을 때 너무 놀라 어쩔 줄 몰라 했다. 가만히 생각해보니 최근 1~2년 동안 남편의 행동이 전과 달라서 이상하다고는 생각했던 기억이 떠올랐다. 수많은 어려움이 있어도 남편을 믿고 의지하며 살아왔는데 이런 일을 당하니 영경 씨는 자기 삶이 너무 허망하다며 펑펑 울면서 이혼하고 싶다고 말했다.

테일러의 상태를 제일 먼저 알아차린 것은 닭이었다. 닭은 테일러 옆에 엉망진창으로 흩어진 나무 블록을 보면서 어떻게 된 것인지 말해보라고 재촉했다. 하지만 테일러는 말하고 싶지 않았다. 그러자 닭은 그냥 가버렸다. 닭이 가버린 후에도 곰과 코끼리, 하이에나, 타조, 캥거루, 뱀 등이 와서 모두 자기의 방식대로 테일러를 위로하려 했다. 하지만 테일러는 아무것도 하고 싶지 않았다. 테일러에게 누구와 무언가를 하고 싶은 마음이 없다는 걸 알게 된 동물들은 결국 모두 가버렸다. 테일러는 혼자 남았다. 테일러처럼 혼자 덩그러니 남겨진 영경 씨는 자신이 무얼 하고 싶은지도 모르겠고, 어떻게 해야 할지도 모르겠다고 말했다. 외도 트라우마를 겪고 있는 영경 씨는 이혼하는 게 나을지 아니면 참고 사는 게 나을지를 알려달라고 말했다.

모두가 떠나버린 테일러 곁으로 토끼 한 마리가 조용히 아주 조용히 다가왔다. 너무 조용해서 테일러가 알아차리지 못할 정도였지만, 토끼는 조금씩 조금씩 다가와 테일러에게 따뜻한 체온을 전달했다. 한참 후 테일러는 토끼와 등을 맞대고 말없이 앉아 있다가 드디어 토끼를 향해 돌아앉으며 “나랑 같이 있어줄래?”라고 말했다. 토끼는 테일러의 이야기를 가만히 들어주었다. 테일러의 말도 가만히 들어주고, 소리 지르는 것도 가만히 들어주고, 기억해내고 웃고 숨고 상자에 블록을 집어넣는 것도 가만히 지켜보았다. 심지어 누군가에게 복수할 계획도 가만히 들어주었다. 테일러가 그러는 내내 그 곁을 떠나지 않았다. 다른 동물처럼 떠나지 않고 가만히 그 옆을 지켜주자, 테일러는 “다시 만들어볼까?” 하고 토끼에게 물어보았고, 전보다 더 멋진 나무 블록 성을 만들어보겠다고 말했다.

영경 씨가 하는 말을 가만히 들어주면서 “그땐 진짜 그랬겠네요” “정말 그렇게 생각하시는군요?”라는 말만 했다. 상담 시간 내내 힘들 수밖에 없는 영경 씨의 마음을 읽어주고 공감하며 경청했다. 영경 씨는 자신의 감정을 마음껏 표출하는 과정을 겪으면서 스스로 생각을 정리할 수 있었고, 마침내 내면의 힘을 기르고 남편의 행동과 상관없이 혼자 힘으로 행복하게 살 계획을 조금씩 세울 수 있게 되었다. 심리적 독립을 하기 시작하면서 영경 씨는 경제적 독립도 차근차근 준비한 후 이혼 여부를 결정했다.

누군가의 이야기를 들어준다는 것은 쉽지 않은 일이다. 자신도 모르는 사이 자꾸 평가하고 판단하며 내 생각을 주장하거나 조언을 하고 싶기 때문이다. 상대방이 원하는 때, 상대방이 원하는 방식으로 제대로 들어주려면 토끼처럼 아주 천천히 다가가야 한다. 상대방이 불편해하지 않도록 상대방의 속도에 맞춰서 상대방이 원하는 자리에서 원하는 모습으로 버텨주는 것이 필요하다. 상대방이 불안이나 슬픔, 두려움이나 분노 등 어떤 감정을 쏟아내더라도 그 감정에 휩싸이거나 압도되지 않고 흔들림 없이 가만히 지켜보며 버텨야 한다. 그래야 상대방이 안정감을 느끼고 변화를 꿈꿀 수 있게 된다.

소아과 의사이자 정신분석학자인 도널드 위니컷은 문제 상황에 노출된 사람이 스스로 해결책을 찾아나갈 수 있도록 돕기 위해선 버텨주라고 말했다. 상대가 어렵고 힘든 시간을 보내면서 흔들리고 있을 때 참견하거나 개입하기보다 자신의 자리에 가만히 서서 그 자리를 지키면서 꿋꿋하게 버텨주면 된다는 것이다. 그 사람의 감정이

나 생각, 마음을 지켜보면서 “도움이 필요하면 언제든지 말해. 항상 네 곁에서 기다리고 있을게”라는 자세를 유지하는 것이 좋다. 이럴 때 사람들은 어떤 일이 시작되면 어떤 형태로든 끝이 있을 것을 알게 되고 마음의 여유를 찾을 수 있다. 또 그렇게 시작과 마무리에 대한 강렬한 감각이 반복해서 쌓일 때, 사건 해결을 위한 중간 과정까지 즐길 수 있게 된다. 그리고 문제 상황을 처음부터 끝까지 총체적으로 경험하는 과정을 통해 자기 조절을 점점 더 잘할 수 있게 된다.

이런 자세는 배우자나 자녀에게도 필요하다. 불안이나 분노를 빨리 수습하려고 하지 말고, 그 감정을 한 걸음 떨어져서 지켜보며 버텨줄 필요가 있다. 자신에 대한 믿음과 사랑을 바탕으로, 불안하고 두려운 마음, 즉 자신이 무엇 때문에 불안하거나 화를 내고 있는지, 어떻게 그것을 해소 또는 표출하고 있는지, 그런 방법들을 통해 진짜 원하는 것이 무엇인지 등을 가만히 지켜볼 필요가 있다. 그렇게 버티면서 내면의 이야기에 귀 기울일 때 감정의 회오리에서 벗어나 해결 방법을 찾을 수 있기 때문이다.

그림책 심리처방전

하나 불안해하는 가족 또는 자신에게 "도움이 필요하면 언제든지 말해. 나는 항상 여기에 있을 거고, 네가 말하면 무엇이든 도와줄 준비가 되어 있어"라고 말해주세요. 그리고 한 발짝 옆으로 물러나 해낼 수 있을 거란 믿음으로 그 자리를 지켜주세요.

둘 불안이나 두려움, 분노 등이 느껴질 때 가만히 눈을 감고 자신의 감정이 시시각각 어떻게 변화하는지 들여다보세요. 감정이 요동치는 것에 따라 몸의 어느 기관이 어떻게 반응을 하는지 찬찬히 살펴보아도 좋아요.

33

서른세 번째 상담

개성을 살릴 수 있는 멋진 일을 찾을 거예요

자신만의 개성 살리기

《프레드릭》

레오 리오니 글·그림, 최순희 옮김, 시공주니어, 1999

소연 씨는 실용무용을 전공하는 20대 초반의 학생이다. 부모님은 소연 씨가 어렸을 때 이혼하고 아버지와 함께 생활했는데, 아버지는 소연 씨가 중학교를 졸업하고 인문계 고등학교에 진학하길 바랐다. 하지만 소연 씨는 자신이 좋아하는 일을 직업으로 삼기 위해 예술고에 진학하겠다고 주장했고, 어렵게 허락을 얻어 고등학교 때부터 춤을 전공했다. 아버지는 이후에도 계속해서 춤은 취미로만 했으면 좋겠단 바람을 내비쳤지만, 소연 씨는 꿈쩍도 하지 않았다. 여느 부모님처럼 공부를 해서 안정된 직장에 취직하기를 바랐지만, 소연 씨는 공부에 소질이 없을뿐더러 사무실에 가만히 앉아서 일하는 모습을 상상만 해도 숨이 막힌다고 말했다. 그래서 대학도 고집대로 실용무용학과로 진학했다. 소연 씨는 음악에 맞춰 춤으로 자기 자신을 표현하거나 활동적으로 움직일 때 살아 있음을 느낀다고 했다. 어떤 주제에 맞춰 새로운 안무 만들고, 그걸 몸동작으로 완벽하게 표현할 때 성취감과 함께 짜릿한 쾌감을 느꼈다. 그런데 막상 졸업반이 되니 앞으로의 진로를 어떻게 잡아야 할지 모르겠다며 상담을 신청해왔다.

《프레드릭》의 주인공 프레드릭도 소연 씨처럼 다른 친구들과 여러모로 달랐다. 소와 말이 뛰어노는 풀밭 가까운 곳에 농부들이 살다 버리고 간 텅 빈 헛간과 곳간이 있는데, 프레드릭은 그 옆 오래된 돌담을 보금자리 삼아 수다쟁이 들쥐 가족들과 함께 살았다. 다른 들쥐들은 계절이 바뀌자 겨우살이 식량을 모으기 위해 옥수수와 나무 열매와 밀과 짚을 모으며 정신없이 일했지만 프레드릭은 혼자 일을 하지 않고 딴짓을 하는 것처럼 보였다. 그래서 들쥐들이 프레드릭에게 왜 일을 안 하냐고 물었고, 프레드릭은 당당하게 자신은 추운 겨울날을 위해 햇살을 모으는 중이라고 답했다. 어느 날은 잿빛 겨울날을 대비해 색깔을 모으고 있다고 하고, 어느 날은 기나긴 겨울을 보내기 위해 이야기를 모으고 있다고 답했다. 부모님이나 선생님의 잔소리를 듣고도 전혀 기죽지 않는 소연 씨처럼 프레드릭도 다른 들쥐들이 뭐 하냐고 물어볼 때마다 전혀 눈치 보지 않고 자기가 어떤 생각으로 무엇을 하고 있는지 이야기하곤 했다.

겨울이 되자, 들쥐 가족들은 돌담 틈 사이로 난 구멍에 들어가 그동안 모아둔 식량을 먹으며 행복하게 지냈다. 프레드릭이 뭘 하며 지내는지 따위는 관심 없이 자기네들끼리 재잘댔다. 그러다가 식량도 떨어지고 찬바람이 스며드는 돌담 사이에서 더 이상 재잘거릴 힘조차 남지 않게 되자, 들쥐들은 프레드릭이 했던 말을 떠올렸다. 들쥐들은 프레드릭을 찾아가 네가 모았던 양식은 어떻게 되었냐고 물었다. 그러자 프레드릭은 커다란 돌 위로 기어 올라가 눈을 감고 자기 이야기에 집중해보라고 했다. 프레드릭이 다른 들쥐들에게 햇살을 보내줄 테니 찬란한 금빛 햇살을 마음껏 느껴보라고 했을 때, 들쥐들은 진짜 몸이 점점 따뜻해지는 것을 느낄 수 있었다. 그 마법 같은 경험을 한 들쥐들은 조바심을 내며 색깔은 어떻게 되었는지 관심을 보였다. 그러자 프레드릭은 이번에도 눈을 감으라고 하고 들쥐들 마음속에 여러 가지 색깔을 보내주었다. 들쥐들은 또다시 이야기는 어떻게 되었는지 물었고, 프레드릭은 목소리를 가다듬고 무대에서 공연하듯 자신이 지은 시를 낭송했다. 프레드릭의 시를 귀기울여 들은 들쥐들은 감탄의 박수를 치며 "너는 시인이야"라고 말했다. 프레드릭은 수줍은 듯 얼굴을 붉히며 "나도 알아!"라고 인사를 했다.

개성의 사전적 의미는 '사람의 고유한 특성, 다른 사람과 구별되는 특별함 혹은 특이함'이다. 자신만의 고유한 색깔과 능력이라 할 수 있는 개성은 개인이 주변 환경에 대해 보이는 독특한 반응이다.

개인의 개성은 쉽사리 변하지 않는 특성이 있어서 환경적인 자극에도 비교적 일관성을 보이고 지속적인 반응을 가져오는 심리적 특성이다. 또한 자신의 개성을 살려 일과 연결시킬 때 진면목을 보여줄 수 있으며, 자신이 원하는 것을 하면서 살아가는 삶을 통해 행복한 삶을 추구할 수 있다. 심리학자 지그문트 프로이트(Sigmund Freud)는 인간의 개성이 이드와 초자아, 자아로 구성되어 있으며, 성장 과정에서 여러 발달단계를 거치면서 자신만의 개성을 형성하게 된다고 주장했다. 개성을 살리기 위해선 자기 안에 어떤 욕구가 있는지, 무엇을 원하는지 등을 탐색하는 과정을 통해 자신의 장점과 강점, 능력을 스스로 탐색해보는 것이 좋다. 그리고 자신만의 개성을 인정하고 발전시키면서 자신만의 가치를 살리려면 높은 자아존중감이 필요하다. 사람들은 자존감을 바탕으로 정체성을 확립할 수 있고, 개성을 마음껏 표현할 수 있기 때문이다. 미국의 의사이자 철학자인 윌리엄 제임스(William James)는 자존감을 '자신이 사랑받을 만한 가치가 있는 소중한 사람이라고 믿는 마음'으로 정의했다. 다시 말해 스스로를 괜찮은 사람으로 여기며, 어떤 성과를 이루어낼 만큼 유능한 존재라 생각하는 주관적인 느낌이 자존감이다. 자존감이 높으면 모든 중심에 자신을 두고 생각하고 판단하기 때문에 남들과 비교하거나 타인의 평가에 영향받지 않는다. 자존감은 있는 그대로의 자신을 긍정적으로 수용하도록 돕는다. 그래서 자신을 쓸모 있는 사람으로 생각하며, 자기 생각을 최선이라고 여기고 자신의 판단을 신뢰한다. 자존감이 낮으면 자신을 평가하는 기준이 항상 다른 사람에게 있기 때문에 남의 눈치를 살피며 긴장 속에서 생활한다. 자신에 대한 믿음이 없고 열등감에 사로잡혀 항상 주눅 들고 자책하게 된다. 쉽게 상처받으며, 다른 사람들과의 관계를 회피하거나 갈등을 겪기 쉽다.

자존감을 높이기 위해선 부정적인 생각이 떠오를 때마다 스스로에게 "멈춰!" 또는 "그만!"이라고 외치며 제재를 가하는 것이 좋다. 또 긍정적인 생각을 하려고 노력하는 동시에 자기 자신을 하루에 한 번 이상 칭찬하고 격려해주는 것도 좋다. 아침에 세수할 때 "오늘 하루도 멋지게 보내보자!"라며 응원하거나 잠자리에 누웠을 때 "오늘 하루도 열심히 일하느라 수고했어" "어려운 일인데 잘해냈어"라는 식으로 칭찬해도 좋다. 이외에도 지금 하고 있는 것 또는 이제껏 해온 것보다 약간 높은 수준의 일에 도전하면서 작은 성취를 반복 경험하는 것도 좋다. 자존감이 높아지면 새로운 일에 도전할 수 있는 용기를 얻을 수 있고 실패나 실수에 대한 두려움을 낮출 수 있기 때문이다.

소연 씨는 진로 적성 검사와 진로 흥미도 검사, 진로 가치관 검사, 진로 강점 검사 등을 통해 어떻게 자신의 개성을 살려서 직업으로 연결시킬 수 있는지 탐색했다. 이 과정에서 자신의 강점과 장점을 찾는 동시에 약점과 단점이 무엇인지 알아보고 이를 어떻게 보완하면 좋을지에 대해 깊이 고민했다. 그렇게 조금씩 자기 이해를 해나가면서 앞으로 어떤 삶을 살고 싶은지, 어떤 모습으로 살아가고 싶은지 미래 계획도 함께 세워보았다. 이 과정을 통해 소연 씨는 자신의 개성을 살리면서 사회에서 선한 영향력을 펼칠 수 있는 직업인으로 활동하기 위해 어떤 준비를 해야 하고, 어떤 역량을 강화시켜야 할지 생각하며 구체적으로 진로를 계획했다.

그림책 심리처방전

하나 내가 좋아하거나 잘할 수 있는 것, 강점이나 장점은 무엇인지 생각해보세요. 기분이 우울하거나 자신이 초라하게 느껴질 때 자신의 긍정적인 부분에 집중해보세요.

둘 개인이 살아가는 삶의 방식이나 개성에 영향을 미치는 자신만의 가치관, 성취 욕구나 변화를 위한 행동 동기 등에는 어떤 것들이 있는지 찾아보세요.

34

서른네 번째 상담

이제
행복해지고 싶어요

스스로 오티움 즐기기

《리디아의 정원》

사라 스튜어트 글, 데이비드 스몰 그림, 이복희 옮김, 시공주니어, 2022

대학을 졸업하고 3년 동안 임용고시 공부를 해서 어렵게 교사가 된 혜진 씨. 교사 발령을 받은 첫해에는 모든 게 낯설고 서툴러 시간이 어떻게 지나가는지 몰랐으나 2년 차가 되면서부터는 아이들 한 명 한 명 예뻐하다 보니 또 시간이 어떻게 가는지 몰랐다. 3년 차에는 모든 게 익숙해져서 시험문제 출제며 교내 행사 진행 등 능숙하게 일 처리를 할 수 있게 되면서 나름대로 여유를 즐길 수 있어서 좋았다. 4년 차에는 고등학교로 발령이 나서 다시 적응을 해야 했기에 정신없이 보냈다. 그런데 7년 차에 접어들면서부터는 아이들도 더 이상 눈에 들어오지 않고, 뭘 해도 재미가 없을뿐더러 다람쥐 쳇바퀴 도는 것 같은 일상이 지루하게만 느껴졌다. 게다가 담임을 맡은 반 학생 가운데 학교폭력에 연루된 아이와 가출을 일삼는 아이가 있어서 신경을 많이 쓰다 보니 혜진 씨는 교사 생활에 대한 회의가 들기 시작했다. 자신이 그토록 원하는 선생님이 되었는데도 행복은커녕 모든 일에 의욕을 잃고 무기력해져서 교장 선생님과 교감 선생님에게 눈치가 보인다고 했다.

《리디아의 정원》의 주인공 리디아는 평화롭고 조용한 시골에서 할머니와 부모님과 함께 살고 있는 가난한 집 딸이다. 채소와 꽃을 가꾸는 것을 좋아하는 리디아는 아버지가 갑자기 일자리를 잃고 삯바느질을 하는 어머니에게도 일감이 들어오지 않자, 잠시 외삼촌 집으로 보내진다. 외삼촌은 도시에서 빵 가게를 운영하고 있는데, 무뚝뚝한 사람이어서 웃는 모습을 보기가 어렵다. 굳은 표정으로 마중 나온 외삼촌과 함께 허름한 건물 앞에 섰을 때, 리디아는 실망하지 않고 검은색 철제 테라스에 놓인 빈 화분 받침대를 보며 희망을 품는다. 무뚝뚝한 외삼촌 집에서의 더부살이가 쉽지 않지만, 리디아는 자신만의 밝은 성격으로 적응하기 위해 애쓴다.

꽃 가꾸기를 좋아하는 리디아가 삭막하고 황량한 도시에서 희망을 잃지 않고 자신이 할 수 있는 일을 찾아나가듯 혜진 씨도 자신이 좋아하고 잘하는 일을 찾아서 조금씩 해보기로 마음먹었다. 리디아는 가족들과 떨어져 지내게 되었지만, 자신이 처한 상황에 슬퍼하거나 기죽어 지내지 않았다. 리디아는 외삼촌을 위해 시를 짓거나 빵

반죽 만드는 법을 배우며 하루하루를 생활해나간다. 외삼촌 가게의 고양이와 친해지면서 점차 도시 생활에 적응해나가던 어느 날, 리디아는 외삼촌 집에서 비밀 장소를 발견하고 그곳에서 무엇을 할까 고민한다. 리디아는 할머니와 함께 정원을 가꾸던 기억을 떠올리고, 집에서 보내준 씨앗을 심고 가꾸기로 마음먹는다.

혜진 씨는 상담하는 동안 학교에서의 생활을 객관적으로 바라보며 아이들 때문에 울고 웃는 하루하루가 그렇게 힘들기만 한 것은 아니란 것을 알아차렸다. 그러면서 처음 근무했던 중학교와 지금 근무하는 고등학교 환경은 비슷한데 그때와 지금의 마음이 많이 달라졌음을 깨닫게 되었다. 리디아처럼 자신이 처한 환경을 어떻게 바라보고 어떤 자세로 대하느냐에 따라 삶 또한 달라진다는 것을 알아차린 혜진 씨는 조금씩 달라지기 시작했다. 씨앗에서 싹이 나고 무럭무럭 자라 꽃이 필 무렵, 리디아는 가게가 쉬는 독립기념일에 외삼촌을 위한 깜짝 선물로 그동안 정성 들여 가꾼 옥상정원을 보여드린다. 꽃으로 뒤덮인 아름다운 옥상정원을 보고 놀란 외삼촌은 리디아의 정성에 감동한다. 외삼촌은 보답으로 리디아에게 예쁜 꽃을 장식한 케이크를 선물해준다. 꽃 가꾸기를 좋아하는 리디아의 노력으로 외삼촌 빵 가게에는 꽃이 가득해지고, 그 덕분에 손님도 많아진다. 무표정한 외삼촌의 얼굴에도 희미하게 웃음이 번진다.

혜진 씨는 리디아처럼 평소 자신이 무엇을 좋아하는지, 어떤 것에 관심이 있는지부터 살펴봤다. 그러면서 자신처럼 책 읽는 것을 좋아하는 동료 교사들과 함께 북 리딩 모임을 만들어보기로 했다. 그림책을 읽으면서 수업에 어떻게 적용시킬 수 있을까 고민하는 모임을 진행하면서 조금씩 자신감을 얻은 혜진 씨는 조금 더 용기를 내 심리 에세이 읽기 모임도 운영해보기로 했다. 교사로서의 자존심을 상하게 할 만큼 자신을 힘들게 했던 아이들에게 다가가는 법은 물론 조금이라도 도움을 주고 싶다는 바람으로 날마다 시간을 쪼개어 책을 읽기 시작했다.

살아가면서 누구나 시련을 겪기 마련이다. 때로는 막막하고 절망스럽고 때로는 두려움과 답답함에 숨이 막힐 때도 있다. 이럴 때 필요한 것은 삶에서 겪는 어찌할 수 없는 고통을 위로할 방법을 찾는 것일지도 모른다. 공자는 "즐거움으로 근심을 잊는다(樂以忘憂)"라며 배우는 즐거움에 대해 말했다. 어린 리디아는 좋아하는 꽃을 가꾸며 어렵고 힘든 시간을 헤쳐나갔다. 이처럼 평소 좋아하던 일이지만 시간이 없어서, 여유가 없어서 하지 못했던 일을 하며 자신을 위로하는 시간을 가질 필요가 있다. 관심은 있었으나 어떻게 시작해야 할지 몰라서 망설이던 일을 해보거나 아예 새로운 일을 접하며 호기심을 불러일으키는 것도 좋다. 자신이 좋아하는 활동에 몰입하면 잠시 잠깐이지만 현실적인 고통에서 벗어나 몰입의 기쁨을 즐길 수 있고, 몰입 그 자체가 주는 편안함과 즐거움을 경험할 수 있다. 행위 그 자체가 목적이 되어 기쁨을 누릴 때 우리는 깊은 위로와 진정한 행복을 선사받을 수 있기 때문이다.

라틴어로 '여가', '여유'라는 뜻의 오티움은 고대 학예 활동을 하던 이들에게 시를 짓거나 토론하기, 공부나 연주하기, 감상하기를 즐기던 한가한 시간을 의미한다. 정신의학에서는 '활동 그 자체가 기쁨을 주는 여가 활동' 또는 '살아갈 힘을 주는 좋은 휴식'을 말한다. 삶이 고단할수록 자신을 재창조하는 능동적이고 적극적인 휴식을 즐기면서 내적인 기쁨을 즐길 수 있는 오티움을 적극적으로 실천해야 행복, 몰입, 창조성, 알아차림, 자존감 회복 등 긍정적인 심리 자원을 얻을 수 있다. 그러려면 남는 시간을 활용해 취미생활을 하는 게 아니라 내가 정말 좋아하는 일을 위해 일부러 시간을 내거나 시간을 쪼개 정성껏 활동해야 한다. 보상 또는 결과와 상관없이 활동 자체에서 기쁨을 느낄 수 있는 것을 오티움으로 삼아야 한다. 오티움은 일상 속에서 자신이 주도해 자주 할 수 있는 활동이지만, 활동을 거듭할수록 기쁨이 확장되고 삶에 긍정적인 영향을 주는 활동이어야 한다. 외국어나 자격증 공부, 운동이나 악기 연주, 그림이나 글쓰기 등의 창작활동, 좋아하는 분야나 관심 단체의 봉사활동, 영성활동 등 약간 난이도 있는 활동이 좋다. 일상에 지친 나 자신을 위로하고 보살펴줄 수 있으며, 성취감을 느끼거나 삶의 활력소를 얻을 수 있다. 자신에게 맞은 오티움을 찾기 위해서는 우선 선입견이나 편견을 버리고 이제껏 해보지 않았던 새로운 활동을 직접 경험해보면서 흥미나 관심을 유발하는 활동을 과감하게, 자신에게 맞은 것을 골라 꾸준히 조금씩 시도해볼 필요가 있다. 이를 위해서 기분 좋았던 순간을 기억하고, 그 순간 떠오르는 생각이나 감정, 신체 감각이나 움직임, 오감 등을 탐색해보면 좋다. 그리고 어떤 요소가 두드러지게 인식되는지, 집중하고 싶은지 곰곰이 생각해보면 자신에게 알맞은 오티움을 찾는 데 도움이 된다.

그림책 심리처방전

하나 어린 시절 즐겨 했던 여러 가지 활동을 떠올려보세요. 그때의 나는 어떤 기분이 들었는지 살펴보고, 지금 다시 한다면 어떨지 생각해보세요.

둘 과거 또는 평상시 해보고 싶었으나 이런저런 사정으로 포기해야 했던 일에는 어떤 것이 있나요? 여러 가지 활동 가운데 지금이라도 조금만 노력하면 도전할 수 있는 일은 어떤 것이 있는지 찾아보세요.

35

서른다섯 번째 상담

감당할 수 있는 만큼만 할게요

상처 다시 경험하기

《빨간 늑대》

마가렛 섀넌 글·그림, 용희진 옮김, 키위북스, 2022

수진 씨 아버지는 평소 다정다감해서 수진 씨가 어렸을 때 재미있는 놀이공원도 데리고 다니고, 맛있는 것도 많이 사줬다. 가족들과 여행을 가서 수진 씨가 좋아하는 노래를 풀잎피리로 불어주고, 눈이 오면 썰매도 끌어주면서 수진 씨와 가족들이 즐겁고 행복하게 지낼 수 있도록 했다. 하지만 수진 씨가 밖에서 친구들과 노는 건 별로 좋아하지 않았다. 친구 집에 놀러 가는 것도 싫어해서 파자마 파티 같은 건 꿈도 꿀 수 없었다. 대학에 진학할 때도 아버지는 험한 세상에 딸이 객지에서 혼자 자취하는 건 너무 위험하다며 집에서 통학 가능한 곳으로 진학하기를 바랐다. 대학생이 되었을 때도 밤 10시를 통금 시간으로 정해놓고 날마다 수진 씨의 귀가를 점검하곤 했다.

학과 MT나 졸업여행 같은 것도 수진 씨가 선후배나 동기들과 어울리지 못할까 봐 마지못해 허락했다. 취업할 때도 집에서 다닐 수 있는 곳을 고집했다. 수진 씨는 이때도 아버지 뜻에 따랐고, 마음에 들지는 않지만 그나마 전공을 살려 일할 수 있는 곳으로 취직해 지금까지 다니고 있다.

《빨간 늑대》의 주인공은 높은 탑 꼭대기 방에 갇혀 사는 로젤루핀 공주다. 로젤루핀의 아버지인 임금님은 바깥세상은 너무 위험해서 사랑하는 딸을 내보낼 수 없다고 말한다. 그래서 날마다 저녁이 되면 시녀들에게 로젤루핀의 방문을 잠그라고 명령한다. 그럴 때면 로젤루핀은 창가로 달려가 아버지가 말하는 거칠고 험하다는 바깥세상을 아무것도 안 보일 때까지 바라보곤 했다. 그런 날들이 이어지다가 로젤루핀의 일곱 번째 생일날 아침, 왕궁 문 앞에 황금 상자가 하나 놓여 있었다. 로젤루핀을 위한 상자에는 온갖 색깔의 털실 뭉치와 "네가 원하는 걸 짜렴"이라고 적힌 쪽지 한 장이 들어 있었다. 임금님은 웃으며 아버지를 위한 목도리를 멋지게 짜달라고 했다. 그러나 로젤루핀은 수진 씨와 달리 아버지 말을 따르지 않았다. 로젤루핀은 그날 밤 빨간 털실 뭉치로 뜨개질해서 빨간 늑대 옷을 만들었고, 아침에 그 옷을 입자 로젤루핀은 늑대로 변했다. 그리고 몸집이 점점 커지더니 돌탑 지붕을 뚫고 나와 한달음에 숲으로 뛰어갔다.

수진 씨가 아버지 말씀을 처음 거역한 것은 남자 친구를 만나 결혼을 결심했을 때였다. 아버지는 수진 씨가 남자 친구와 결혼하겠다고 했을 때 이런저런 트집을 잡으며 마음에 안 든다고 반대했다. 서른이 넘은 수진 씨에게 벌써 결혼한다고 화를 내다가 나중엔 수진 씨 없는 집에서 어떻게 생활할지 막막하다며 한숨을 쉬곤 했다.

무너진 돌탑에서 늑대가 나오는 걸 보고 깜짝 놀란 사람들은 늑대가 공주를 잡아먹었다고 말한다. 임금님은 그저 훌쩍거리며 늑대에게 먹을 것을 잔뜩 갖다주라고 했다. 수진 씨 아버지가 딸의 행복을 빌어주기보다 자신의 허전한 마음을 먼저 걱정한 것처럼 임금님도 자기가 늑대에게 잡아먹힐까 봐 겁을 냈다. 늑대로 변신한 로젤루핀은 숲 근처에서 마을 사람들이 갖다준 음식을 잔뜩 먹고 춤추고 노래 부르며 신나게 놀았다. 밤이 되자 별빛 아래에서 편안하게 잠들었고, 늑대 친구들과 어울려 노는 꿈을 꾸었다. 다음 날 아침 로젤루핀은 꿈에서 본 늑대 친구들을 찾아 숲으로 들어갔다.

수진 씨도 결혼 후 사랑하는 남편과 함께 꿈꾸던 자유로운 생활을 하면서 행복해했다. 그러나 아버지는 결혼한 수진 씨에게 아침저녁으로 전화를 한 시간씩 하면서 집착했고, 어쩌다 야근하는 날에는 회사 앞에서 기다리고 있다가 수진 씨를 집까지 데려다주고 돌아가곤 했다. 수진 씨뿐만 아니라 남편 역시 아버지를 부담스러워했지만 딸을 챙기는 게 살아가는 유일한 낙이라고 말하는 아버지를 냉정하게 뿌리치지 못했다.

로젤루핀이 숲으로 들어갈수록 나무가 점점 커지는 이상한 일이 생겼다. 로젤루핀이 입고 있던 늑대 옷은 털실이 나뭇가지에 걸려 점점 풀려버렸고 사람들은 숲속 작은 동굴에서 잠자고 있는 로젤루핀을 발견했다. 로젤루핀을 임금님에게 데려가자 공주가 살아 돌아왔다면서 기뻐하는 한편 또다시 공주를 가두기 위해 전보다 더 높고 더 튼튼한 돌탑을 새로 지었다. 전처럼 로젤루핀을 가두고 털실이 담긴 황금 상자를 주면서 이번엔 진짜 멋진 목도리를 짜달라고 말하고 문을 잠근 뒤 가버렸다. 로젤루핀은 제 이름이 적힌 황금 상자를 물끄러미 쳐다보다가 이번엔 갈색 털실 뭉치로 생쥐 모양의 잠옷을 밤새도록 뜨개질했다. 그러고는 임금님에게 하나밖에 없는 딸을 위해 한번 걸쳐보라고 말한 뒤 생쥐로 변신한 아버지를 뒤로하고 밖으로 뛰어나가 친구들과 재미있게 놀았다.

수진 씨는 상담을 받으면서 자신의 내면에 억압해둔 아버지에 대한 미움과 분노를 마음껏 표출했다. 아버지에게 어릴 때부터의 감정을 다 표현하면 충격을 받을 것 같아서 죄책감을 느끼며 힘들어하던 수진 씨를 위해 빈 의자 기법을 이용해서 하고 싶은 이야기를 마음껏 토해내도록 도왔다.

게슈탈트 이론가 프리츠 펄스(Fritz Perls)가 발전시킨 빈 의자 기법은 해결되지 않은 문제나 현상을 삶 속에 다시 통합할 수 있도록 돕는 기법이다. 어떤 사건이나 특정 사람과의 만남을 재현하는 과정을 거치면서 감정적으로 접촉해 상황을 이해하고 받아들이며 문제를 해결할 수 있도록 한다. 혼자서 둘 이상의 역할을 해보는 사이코드라마 기법 가운데 하나로 자신을 집중적으로 탐색할 수 있다. 또한 자신의 주관적인 세계에 있는 비언어적 단서 등 실제 인물이 표현하기 어려운 것을 드러내 자신의 내면에서 해결책을 찾아가도록 돕는다. 그래서 자신이 가지고 있는 진짜 문제를 빠르게 파악하고 문제해결을 위한 이런저런 시도를 안전하게 해볼 수 있어 효과적이다.

수진 씨 역시 빈 의자에 아버지가 앉아 있다고 가정하고 어릴 때부터 친구들과 어울리지 못하도록 한 것에 대한 불만을 털어놓았다. 역할 바꾸기를 통해 나와 타인이 동시에 될 수 있는 한 편의 모노드라마 같은 빈 의자 기법으로 수진 씨는 자기 안의 또 다른 모습을 만날 수 있었다. 항상 눈치 보며 답답해하는 수진 씨, 하고 싶은 것이 있어도 아버지 말 한마디에 꾹 참았던 수진 씨에서 벗어나 당당하게 자기주장을 하는 수진 씨를 만날 수 있었다. 또 아버지 의자에 앉아서 생각해보니 사랑하는 딸을 위하는 아버지의 마음을 조금은 이해할 수 있었다. 수진 씨는 점차 내면에 있는 분노와 슬픔을 해소할 수 있게 되면서 아버지를 용서하고 화해할 수 있는 편안한 마음을 얻을 수 있었다.

그림책 심리처방전

하나 의자 두 개를 놓고 한쪽에는 자신이 앉고 반대쪽 빈 의자에는 문제의 핵심 대상이 앉아 있다고 생각하고 마주 앉은 사람에게 하고 싶은 말을 마음껏 해보세요. 그런 다음 반대쪽 의자에 앉은 사람의 관점에서 이야기하고, 다시 자리를 바꿔 자기 얘기를 해보세요.

둘 부모님 또는 가까운 지인 때문에 힘들었던 자신의 감정이나 속상한 마음을 편지에 마구 휘갈겨 쓰면서 표출해보세요. 아무에게도 보여주지 않아도 되니 글씨나 문법이 틀리는 것을 신경 쓰지 말고 마음대로 써보세요.

36

서른여섯 번째 상담

누가 뭐래도 나는 나,
이 세상에 유일한 존재예요

오롯이 나로 살아가기

《너는 특별하단다》

맥스 루케이도 글, 세르지오 마르티네즈 그림, 아기장수의 날개 옮김,
고슴도치, 2002

30대 중반의 통통한 우영 씨는 친구들과 달리 이 나이가 되도록 뭐 하나 제대로 해놓은 것이 없다는 생각에 초조하고 불안하다. 친구 지영이는 지난해 결혼해서 알콩달콩 잘살고 있고, 영숙이는 벌써 아이가 둘인데 자기는 마지막 연애가 언제였는지 기억조차 나지 않는다. 대학 동기 기태는 서울 외곽에 작은 아파트를 한 채 마련했다고 자랑하고, 후배 경은이는 올해 초 박사학위를 받았고, 은채는 뒤늦게 해외 유학 갔다가 이제 막 돌아와서 아버지가 운영하는 회사를 물려받을 준비를 시작했다고 한다. 그런 이야기를 들을 때마다 우영 씨는 이제껏 뭐 하고 살았나 싶은 생각이 들면서 우울하기 짝이 없다.

《너는 특별하단다》의 주인공 펀치넬로는 '엘리'라는 목수 아저씨가 만든 작은 나무 사람인 '웸믹'이다. 웸믹들이 사는 마을에 가서 웸믹들이 온종일 하는 일을 지켜보면, 금빛 별표와 잿빛 점표가 든 상자를 들고 돌아다니면서 만나는 웸믹들에게 서로 별표와 점표를 붙이고 다니는 것이 전부다. 재주가 뛰어나거나 나무결이 매끄럽고 색이 잘 칠해져 있는 등 겉보기에 멋있어 보이는 웸믹들은 별표를 받는다. 하지만 별다른 재주가 없거나 나뭇결이 거칠거나 칠이 벗겨져 있는 웸믹들은 늘 점표를 받는다. 펀치넬로 역시 칠도 벗겨지고 그럴듯한 재주도 없는 웸믹이어서 점표를 주로 받는다.

우영 씨는 중소기업 팀장으로 일하고 있지만, 어머니가 돌아가신 후 주말마다 혼자 사는 아버지를 찾아뵙고 불편하신 건 없는지 살펴보느라 몸은 늘 피곤하다. 간간이 결혼한 동생과 조카들 챙기면서 '이런 게 행복이지' 하는 생각에 그럭저럭 지낼만 하다가도 한 번씩 '나만 혼자네. 외롭다. 지친다'는 생각이 들어 가슴 한가운데가 뻥 뚫린 것 같아 눈물이 날 때가 많다. 이런 마음을 달래려 가끔 혼자 여행을 다니지만, 그런 자신이 너무 못나 보인다. 텅 빈 오피스텔에 들어설 땐 왜 이러고 살고 있나 싶은 생각이 들면서 자신이 너무 초라하게만 느껴진다. 누가 결혼하지 말라고 한 것도 아닌데 혼자 사는 게 주변 사람들 탓인 것만 같다. 그러면서 마음 한편에서는 억울한 생각이 든다. 이런 마음을 표현하게 되면 그나마 유지하던 관계들도 끊기고 자기 자신도 더 이상 버티지 못할 것 같아 절망스럽기까지 하다.

언제나 잿빛 점표를 받는 펀치넬로 역시 우영 씨처럼 자신이 바보 같다고 느끼곤 했다. 다른 웸믹처럼 높이 뛰어보려고 애써보기도 했지만 늘 넘어지는 것도 마음에 안 들고, 넘어진 이유를 설명하는 것도 싫고, 몸에 난 상처 때문에 그리고 우스꽝스러운 말투 때문에 더 많은 점표를 받는 것도 싫었다. 그래서 펀치넬로는 다른 웸믹들과 어울리기를 꺼렸다. 바깥을 돌아다니다가 혹시나 모자를 떨어뜨리거나 웅덩이에 발을 헛딛기라도 하면 또 점표를 받을 수 있기 때문에 펀치넬로는 가급적 혼자 지내려고 했다. 우영 씨가 친구들이나 회사 동료들과 어울리는 것이 불편해서 주로 혼자 시간을 보내는 것처럼.

펀치넬로는 친구들과 어울려야 할 때는 자기처럼 점표가 많은 웸믹들 하고만 어울렸다. 그러면서 펀치넬로는 스스로 '난 좋은 나무 사람이 아닌가 봐'라고 생각하기 시작했다. 그렇게 웸믹들 앞에 나서기를 꺼리는 펀치넬로가 이 세상에서 한번도 본 적이 없는 웸믹을 만나게 되었다. 점표는 물론 별표도 하나 없는, 그야말로 깨끗한 나무 사람인 루시아를 만나면서 펀치넬로는 의문을 갖게 되었다. 자기는 점표투성이인데 어떻게 루시아는 별표도 점표도 붙지 않았는지 궁금해하기 시작한다. 그리고 고민 끝에 루시아의 말대로 엘리 아저씨를 찾아간 펀치넬로는 그곳에서 '나는 나 자체로 특별하다'라는 생각을 하게 되면서 작은 변화를 꿈꾸게 된다.

상담을 올 당시 우영 씨도 자신이 무언가를 시작해도 해낼 자신도 없고 성공할 가능성도 희박하다고 생각하며 아예 포기하고 기대 자체를 하지 않으려 했다. 그러다 보니 모든 일에 관심도 없고 무언가를 하고 싶다는 생각도 없는 무기력한 상태에서 우울감과 열등감에 시달리고 있었다. 절망감과 소외감, 낮은 자존감 때문에 다른 사람들과 어울리기를 꺼리면서 쉽게 포기하려고만 했다. 우영 씨가 펀치넬로처럼 열등감에서 벗어나기 위해선 자신에 대한 올바른 인식부터 시작해야 한다. 다시 말해 남과 비교하며 자신을 과소평가하는 일을 멈춰야 한다. 그래야 자신의 결점을 인정하고 이를 보완하도록 노력하면서 성장을 해나갈 수 있기 때문이다.

열등감은 우영 씨나 펀치넬로처럼 자신을 다른 사람들과 비교하며 스스로를 못났다고 여기는 과정에서 생겨나는 정서 경험이다. 열등감에는 다른 사람과 나를 비교하면서 느끼는 대타적 열등감과 자기 자신에게 느끼는 대자적 열등감이 있다. '이상적인 자기 모습'을 스스로 만들어놓고, 그 이상적인 자신보다 못한 '현실 속의 자신'을 보면서 그 둘 사이에서 느껴지는 괴리감을 인정하지 못해 힘들어하는 감정이 바로 대자적 열등감이다. 우영 씨는 대자적 열등감에 시달리며 자괴감에 빠지고, 수치심을 느끼며, 자살 충동을 느끼게 된 경우라고 볼 수 있다. 자기가 생각하는 이상적인 사람이 되기 위해 노력한다면 자신을 채찍질하며 하루하루 열심히 살아가게 되는 긍정적인 효과가 있다. 그러나 이상적인 자기 모습과 현실적인 자기 모습 사이에서 큰 괴리감이 생기면, 사람들은 대개 대자적 열등감을 느끼면서 자괴감에 빠진다. 열등감이 심해지면 수치심을 불러일으키고 작고 사소한 실수조차 용납할 수 없을 만큼 예민해지곤 한다. 자기 자신을 향해 손가락질하는 수치심 또한 너무 깊어지면 극단적인 선택을 하는 경우까지 발생하게 된다.

사람들은 대부분 자라면서 부모의 과잉보호나 심한 간섭, 형제자매나 친구들과 비교, 동료들과의 경쟁에서 밀리거나 어떤 일에서의 실패나 좌절 등으로 인해 열등감을 느끼곤 한다. 이런 열등감에서 벗어나기 위해서는 가장 먼저 자신에게 열등감이 있다는 사실을 인정하고 수용해야 한다. 자신의 부족함을 인정하고 이런 면을 타인에게 보여줄 수 있을 때 상대방의 결점 또한 이해하고 받아들일 수 있어 건강한 관계를 맺을 수 있기 때문이다. 그리고 다른 사람이 뭐라고 하더라도 신경 쓰지 말고 자기 생각과 느낌을 믿고 따르도록 노력해야 한다. 타인의 평가에서 자유롭기 위해서는 지나친 욕심을 버리고 '지금 여기에서'의 내가 할 수 있는 것에 집중하는 것이 좋다. 그래야 이상적인 자아와의 간극을 줄일 수 있다. 다른 사람이 칭찬이나 격려를 할 때도 이를 부정적으로 받아들이거나 다른 의도가 있을 것이라 의심하는 대신 자신의 강점과 장점을 그대로 받아들이면서 자신의 가치를 발전시켜 나가도록 해야 한다.

그림책 심리처방전

하나　내가 원하는 이상적인 나는 어떤 모습인가요? '이상적인 나'와 '현실적인 나' 사이에서의 불안과 자괴감을 야기하는데, 이를 어떻게 하면 줄일 수 있을지 생각해보세요.

둘　다른 사람들이 나에게 붙여준 금빛 별표와 잿빛 점표는 어떤 것들이 있는지 생각나는 대로 써보세요. 그것들 가운데 내가 인정하고 받아들이는 것만 내게 영향을 미칠 수 있다는 사실을 기억하며 나머지는 깨끗이 지워버리세요.

37

서른일곱 번째 상담

있는 그대로의 모습을 인정하고 받아들일게요

자신을 제대로 사랑하기

《민들레는 민들레》

김장성 글, 오현경 그림, 이야기꽃, 2014

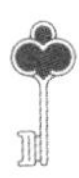

감정 기복이 심한 민혜 씨는 상담 올 때마다 기분이 천차만별로 달랐다. 어느 날은 너무 신나서 활짝 웃으며 들어왔지만, 어느 날은 기분이 완전히 가라앉아서 목소리가 잘 들리지 않을 정도였다. 어느 날은 온종일 상담실에 앉아서 힘든 이야기만 듣는 게 너무 곤욕이겠다며 상담사를 위로하다가 어느 날은 텔레비전에 나오는 정신과 의사처럼 척하면 탁하고 솔루션을 줘야지 답답하게 왜 그러냐고 질책과 비난을 쏟아낸다. 자칫 잘못하면 민혜 씨의 감정에 따라 상담사까지 우왕좌왕할 판이라 정신을 바짝 차리고 있어야 했다.

민혜 씨는 갓 초등학교에 입학한 아들 때문에 감정이 오르락내리락한다며 힘들다고 말한다. 좋은 엄마가 되고 싶은데, 아무리 생각해봐도 엄마 노릇을 제대로 하고 있지 않은 것 같아서 늘 불안하고 초조하다. 아이가 학교에 갔을 때 친구들 사이에서 사소한 갈등이라도 겪으면 자신 때문에 아이가 어려움을 겪는 것 같아 절망감과 좌절감에 시달린다. 회사에서도 마찬가지여서 업무 평가가 좋으면 자신이 괜찮은 사람인 것 같아 기쁘고 행복하지만, 실수하거나 기대한 만큼의 결과가 나오지 않으면 자신이 모자란 사람인 것 같아서 한없이 가라앉는다. 집에서도 남편이 조금만 잘하면 뛸 듯이 행복하지만, 불만이나 잔소리를 하면 자기도 이해가 안 될 정도로 기운이 쑥 빠져서 힘이 든다. 민혜 씨는 이런 자신이 너무 마음에 안 들지만 어떻게 해야 할지 모르겠다고 말했다.

《민들레는 민들레》는 매화, 개나리, 목련, 철쭉, 진달래, 꽃다지, 꽃마리, 제비꽃 등 온갖 꽃이 앞다투어 피어나는 봄에 조용히 피는 민들레를 이야기한다. 꽃들이 서로 시기를 다투듯 만발해서 여기저기 온통 꽃 세상일 때 사실 민들레는 너무 흔해서 하찮게 여겨지는 꽃이다. 그럼에도 불구하고 민들레는 누가 보건 말건 봄 햇살을 가득 담아 꽃을 피워낸다. 아무리 척박한 땅일지라도 뿌리를 내리고 민들레는 묵묵히 꽃을 피운다. 민들레는 길가에서도, 들판에서도, 때로는 지붕 위에서도 꽃을 피운다. 심지어 돌 틈 사이에서도, 도로 비탈길에서도, 낡은 화분 위에서도, 자동차 전용도로의 중앙분리대 틈새에서도 어떻게든 살아남아 꽃을 피운다.

흙이 조금이라도 쌓여 있는 곳이라면 어디든 상관하지 않고 민들레는 꽃을 피운다. 아무리 열악하고 마음에 들지 않는 곳이라도 민들레는 어떻게든 싹을 틔우고, 초록 잎을 내고, 노란 꽃을 피운다. 억수 같은 비를 맞고도 싹을 틔우고, 세찬 비바람을 맞고서도 나 보란 듯이 꽃을 피운다. 혼자서 꽃을 피우기도 하고, 둘이서 또 여럿이 함께 꽃을 피운다. 꽃이 지면 씨앗을 맺어 바람에 홀씨를 훨훨 날려 보내기까지 한다. 민들레는 언제나 민들레다. 어디에서든 민들레는 민들레다. 어떤 모양새를 하고 있어도 또 색깔이 노랗든 하얗든 상관없이 민들레는 그냥 민들레로 살아간다.

감정의 널을 뛰는 민혜 씨와 상담하면서 제일 많이 했던 작업은 버텨주기였다. 그리고 민혜 씨가 자기 비난을 할 때마다 진짜 그런지를 점검하게 했다. "난 좋은 엄마가 아니야"라고 말할 때 아이에게 직접 물어보게 했더니 아이는 "가끔 기분이 왔다 갔다 하지만 그래도 나한텐 제일 좋은 엄마야. 엄마가 최고야"라고 답했다. 업무 평가가 낮아서 스스로를 질책하며 "회사 더 이상 못 다니겠어"라고 말할 때 인사고과 때문에 정말 회사를 그만두어야 하는지를 확인했다. 그 이후로 민혜 씨는 부정적인 생각이 들 때마다 진짜 그런가를 따져보기 시작했다. 스스로 비난하는 말이 떠오를 때마다 정말 비난받을 만큼 잘못한 일인지, 단순한 실수인지, 얼른 수정해서 보완하면 되는 가벼운 문제인지 아니면 수습 못 할 정도로 심각한 문제인지 등을 자신에게 반복해서 물어보면서 감정조절을 해나가기 시작했다. 물론 중간중간 자신의 못난 모습을 인정하고 받아들이는 것이 쉽지 않다고 울먹이기도 했다. 하지만 민혜 씨는 비난의 횟수나 정도가 점점 줄어들고 있다는 사실을 인식하면서 계속 노력해나가기로 약속했다.

미국의 임상심리학자이자 위빠사나 명상 전문가인 타라 브랙(Tara Brach)은 자기 자신을 부정적으로 판단하지 말고, 자기가 경험한 것을 명확하게 보고, 있는 그대로 받아들이는 '근본적 수용'을 주장했다. 우리가 속해 있는 '이 순간 지금 여기에서의 나'를 있는 그대로 수용할 때 우리는 행복해질 수 있고, 더 이상 고통 속에서 허우적대지 않을 수 있다고 말했다. 좋은 대학이나 대기업에 취직하면 자신이 멋있어 보일 것이라거나 멋진 자동차나 큰 평수의 아파트를 사면 자신의 능력을 인정할 수 있다는 식으로 조건적인 자기 사랑을 할 경우 삶은 늘 불안하고 불만족스러울 수밖에 없다. 하나를 이루면 또 다른 부족함이 눈에 들어오기 때문에 결코 만족할 수 없다.

그러므로 조건이나 상황에 상관없이 지금 내가 가진 것에 감사하고, 자신을 따뜻하게 바라보며 수용할 수 있도록 노력해야 한다. 그래야만 진정으로 자신을 사랑할 수 있다. 특정한 조건이 갖춰졌을 때만 자신이 만족스럽다면 한 번쯤 생각해봐야 한다. 그 조건이 살아가는 데 있어서 얼마나 중요한 것인지, 또 그 조건이 자신을 사랑하고 아끼며 보살피는 데 없으면 절대로 안 되는지 꼼꼼하게 따져 보아야 한다. 자기 성찰을 통해 자신이 고집하는 행복의 조건이 어떤 기준에 의해 만들어졌는지 살펴봐야 한다. 또 이런 조건이 스스로 생각하고 필요하다고 판단해서 만든 것인지 아니면 부모님이나 주변 사람들의 강요, 또는 사회나 소속집단의 분위기에 의해서 알게 모르게 만들어진 것인지 점검해보면서 정리해야 한다. 조건에 상관없이 자신을 받아들이려고 노력할 때 자신을 진짜 사랑할 수 있고 행복할 수 있기 때문이다. 못 하는 것투성이이고 부족한 것도 많지만, 그럼에도 불구하고 자신에게는 잘하는 것과 괜찮은 면이 많이 있음을 떠올리며 자신을 객관적으로 바라보려 노력해야 한다. 하늘엔 흰 구름도 있지만 때로는 회색 구름도 있고 먹구름도 있는 것처럼 나란 사람에게 좋은 면과 부족한 면이 공존하고 있음을 인정하도록 노력해야 한다. 이를 위해 자신의 약점이나 단점 또한 두루뭉술하게 말하기보다 구체적이고 사실적으로 말하는 것이 좋다. 테니스를 못 치는 것을 운동 전부를 못 하는 것처럼 말하며 일부를 전체로 확대하거나 일반화해서는 안 된다. 나의 일부를 전체로 생각하고 나의 단점을 존재 자체로 여기며 문제 삼을 필요는 없다. 자신의 장점도 단점도 있는 그대로 인정하는 연습이 필요하다. 그러면 언제 어디에 있어서도 민들레는 민들레인 것처럼 자기 삶을 당당하게 살아갈 수 있다.

그림책 심리처방전

하나 날마다 세 가지씩 감사할 일을 찾아서 기록해보세요. 부족한 것을 불평하거나 다른 사람을 부러워하는 마음이 줄어들고 자신을 좀 더 편안하게 받아들이게 되면서 더 사랑하고 가치 있게 여길 수 있을 거예요.

둘 아침저녁으로 세수를 할 때마다 거울을 보면서 5~10초 정도만 따뜻한 표정으로 자신에게 "괜찮아, 문제없어, 난 충분히 잘 해결해낼 거야"라는 응원과 지지의 메시지를 들려주세요.

38

서른여덟 번째 상담

나는 더 이상 엄마의 꼭두각시가 아니에요

부모님의 굴레에서 벗어나기

《손 없는 색시》

임어진 글, 김호랑 그림, 한림출판사, 2013

명희 씨는 어릴 때부터 엄마가 같이 놀아도 좋다고 하는 친구들하고만 놀 수 있었다. 그 기준은 엄마 보기에 공부를 잘하거나 부유한 집 아이들이었다. 그런 아이들과 어울리려면 외모가 단정해야 한다면서 엄마는 아침마다 명희 씨가 학교에 입고 갈 옷을 골라주었다. 명희 씨는 아침에 일어나 엄마가 차려주는 밥을 먹고 엄마가 골라준 옷을 입고 학교에 갔다. 중학생이 되어 시험을 칠 때면 엄마는 명희 씨와 함께 공부했다. 엄마가 짜준 시험공부 계획표에 따라 문제집을 풀면 엄마가 채점해주고, 틀린 문제가 있으면 맞힐 때까지 다시 풀어야 했다. 그러고도 명희 씨가 잘 이해를 못 한다고 생각되면 그 부분에 대한 자료를 모아서 주고 처음부터 끝까지 다시 공부하라고 했다. 명희 씨는 엄마가 물어보는 질문에 척척 대답할 수 있어야 그날 공부가 끝나 침대에 누울 수 있었다.

시험 성적이 잘 나오면 명희 씨 어머니는 자기 성적인 양 의기양양해서 여기저기 소문내면서 뽐냈지만, 기대에 못 미치면 "너 때문에 창피해서 살 수가 없다. 어떻게 이런 걸 성적이라고 받아올 수 있냐? 어디 가서 내 딸이라고 하지 마"라고 불같이 화냈다. 명희 씨가 엄마를 망신시켰다며 동네 슈퍼에 갈 때조차도 모자를 푹 눌러쓰고 나갔다. 잘한 일의 모든 공은 엄마에게 있었지만, 잘못한 일은 모두 명희 씨의 잘못이었다. 그래서 명희 씨는 자신이 원치도 않는 엄마의 슬픔이나 분노, 절망 등의 부정적인 감정을 고스란히 떠안을 수밖에 없었다.

《손 없는 색시》의 주인공은 일찍이 어머니를 잃고 아버지와 사는 어린 처녀다. 베를 아주 잘 짜는 처녀는 다른 옛이야기 주인공처럼 마음씨가 고와 새어머니가 들어와 갖은 구박을 해도 묵묵히 시킨 일들을 해낸다. 명희 씨 어머니는 새어머니가 아니지만, 명희 씨가 하는 것을 모두 못마땅하게 여겼다. 명희 씨가 잘한 것은 모두 명희 씨가 노력하거나 명희 씨가 잘해서가 아니라 엄마인 자신이 잘했기 때문이었다. 그래서 명희 씨에게 모든 에너지를 쏟으면서 자신을 돋보이게 하려고 애를 썼다. 명희 씨 엄마는 사람들 앞에서 명희 씨를 자랑하면서 자신을 뽐내려고 했듯 처녀의 새어머니는 처녀에게 쏠리는 남편의 관심과 사랑을 자기에게로 돌리려고 처녀의 아버지에게 거짓말을 한다. 처녀를 쫓아내기 위해 점쟁이 말을 빌려 새어머니가 처녀의 두 손을 잘라서 내쫓아버리려 하자 처녀는 하는 수 없이 눈물을 철철 흘리며 집을 떠난다.

하염없이 길을 걷던 처녀가 깊은 산골짜기에 있는 집의 배나무에서 배 하나를 따서 허기를 면하고 쉬고 있었다. 때마침 방에서 글 읽다가 바람 쐬러 나온 도령과 마주치고 결혼을 하게 된다. 도령이 과거를 보러 먼 길을 떠날 무렵 색시는 임신했고, 이후 도령을 닮은 아들을 낳았다. 이 소식을 전하는 편지를 하인 편에 보냈으나 중간에 또다시 색시의 새어머니가 못된 짓을 하는 바람에 색시는 시댁에서 쫓겨나게 된다. 명희 씨는 대학에 입학하고 취직을 하면 자연스럽게 엄마의 손에서 벗어나 독립을 할 수 있으리라 생각했지만 그럴 수 없었다. 여전히 엄마의 이런저런 요구에 시달리며 점점 메말라갔다. 마음 둘 곳이 없었던 명희 씨처럼 색시는 갈 곳이 없어서 정처 없이 떠돌아다니다 목을 좀 축일까 해 샘물을 마시려다가 아이를 물속에 빠뜨리고 만다. 이에 깜짝 놀란 색시가 아기를 잡으려고 팔을 뻗었을 때 물속에서 손이 나와 색시 팔에 딱 붙어버렸다. 그 손으로 아기를 얼른 건져 올린 색시는 샘물도 실컷 먹고, 아기에게 배불리 젖도 먹인 후 다시 길을 떠난다. 아기를 업은 색시가 한참 걷다가 비탈밭을 매고 있는 마고 할머니를 만난다. 마고 할머니는 집도 갈 곳도 없는 색시에게 딸처럼 같이 살자고 했고 색시 역시 기뻐하며 어머니로 모시기로 한다. 목화솜으로 베를 짜서 무명을 갖다 팔아 마고 할머니와 색시는 살림도 늘리고 아이도 키우며 행복하게 살아간다. 명희 씨가 지금의 남편을 만나 처음으로 편안한 행복을 맛보며 생활한 것처럼.

그러나 명희 씨 엄마는 명희 씨가 남편과 행복하게 알콩달콩 사는 것을 허락하지 않았다. 자신의 청춘을 다 바쳐 명희 씨 하나만 바라보며 이제껏 희생하고 헌신해왔으니, 지금부터는 명희 씨가 엄마를 돌봐야 한다고 강력하게 요구했다. 인터넷으로 생필품을 사는 것부터 이사 갈 집을 알아보는 것까지, 심지어는 엄마 아빠가 살 집을 인테리어하는 일까지 모두 명희 씨가 알아서 해야 한다고 주장했다. 간혹 명희 씨가 회사 일로 너무 바빠서 엄마 말대로 하기 어렵다고 할 때면 부모 은혜도 모르는 몰상식한 자식이라고 비난을 쏟아냈다. 그러고도 원하는 것을 해줄 때까지 계속 전화해 못살게 굴거나 사위에게 막말을 하면서 부부싸움을 할 수밖에 없게 만들었다.

일본의 정신과 의사이자 뇌 과학 전문가인 오카다 다카시는 자기애성 성향이 강한 사람은 자신을 특별한 존재라고 여기며, 특별한 존재인 자신을 위해 다른 사람들이 편의를 제공하고 칭찬하며 특별 대우를 해주길 바란다고 말했다. 자기가 중요한 인물이라 여기며 사람들의 이목을 집중시킬 수 있는 옷을 입거나 약간 강압적인 태도로 당돌한 부탁을 할 때도 당연히 들어주어야 한다고 생각하며 행동하는 경향도 있다. 또 자기를 칭찬해주고 인정해주는 사람들과만 어울리는 경향이 있어 명희 씨는 무슨 일이 있을 때마다 항상 자기가 우선이었던 자기애성 성향의 엄마 때문에 힘들었다. 어떤 경우에도 자신이 제일 돋보여야 하고 주변 사람들로부터 관심과 인정을 받기 원했던 엄마가 싫지만, 무남독녀인 명희 씨가 돌보지 않으면 아무도 없다는 생각 때문에 이제껏 꾹꾹 참고만 있었다.

명희 씨는 상담하는 동안 자기 안에 있는 많은 상처를 찬찬히 들여다보기 시작했다. 자신의 감정을 조금씩 직면하면서 엄마 때문에 창피하고 아파했던 어린 자신을 위로해주려고 노력했다. 쉽지는 않겠지만 명희 씨처럼 자기 위주의 삶을 살아가는 부모로 인해 상처받았다면 의존 성향에서 벗어나야 한다. 부모로부터 정서적으로 또 심리적으로 독립하려고 노력해야 한다. 내면화되어 있는 부모의 부정적인 목소리를 알아차리고, 긍정적인 목소리와 용기를 주며 지지해주는 말, 응원과 격려를 해주는 말 등 새로운 목소리로 대체해나가야 한다. 자신 안에 잠재되어 있는 사랑과 성장에 관한 욕구를 인정하고 충분히 표현하도록 노력해야 한다. 그래야 자기 자신을 존중하며 제대로 대접해줄 수 있다.

그림책 심리처방전

하나 부모님이 나에게 많이 했던 말을 떠올려보세요. 부정적인 말은 지워버리고 그 자리에 자신이 듣고 싶었던 긍정적인 말로 대체해보세요.

둘 자신을 아프게 하는 부모로부터 적당한 거리를 유지하고 한계를 정해보세요. 심리정서적인 거리를 두기 어렵다면 물리적인 거리부터 두면서 자신이 편안하게 쉴 수 있는 공간을 마련해보세요. 그다음 자신에게 필요한 일의 우선순위를 정하고 하나씩 실천해보세요.

39

서른아홉 번째 상담

어떻게 다시 시작해야 할지 모르겠어요

자기탐색으로 이해하고 수용하기

《나는요,》

김희경 글·그림, 여유당, 2019

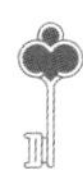

시은 씨는 대학에 입학했으나 전공수업을 따라가는 것이 너무 힘들어 오랜 고민 끝에 자퇴했고 그런 자신이 마음에 들지 않는다며 상담실을 찾아왔다. 막상 학교를 그만두고 나니 딱히 뭘 해야 할지 몰라서 주로 방에만 있었더니 살이 쪘는데, 거울을 볼 때마다 그런 몸매의 자신이 몹시 보기 싫단 생각이 들면서 짜증이 나곤 했다. 그러다 보니 밥 먹으라는 엄마의 말에도 짜증이 났다. 하지만 가족들이 뭘 먹으면서 먹어보란 말을 안 하면 집에서 밥만 축내면서 놀고 있다고 무시하는 것 같아 신경질이 났다. 시간이 지나고 나서는 부모님 마음은 그렇지 않은데 자기가 괜히 트집 잡고 까칠하게 군 것 같아서 미안해하며 죄책감에 시달리곤 했다. 시은 씨는 이렇게 가족들을 불편하게 하는 자기가 너무 밉고 싫었다.

어쩌다 친구들을 만나도 자기만 빼고 다들 잘 지내는 것 같아서 자신이 바보처럼 느껴졌다. 식당에 가서 주문한 메뉴와 다른 음식이 나왔을 때조차 제대로 따지지 못하고 억지로 참고 먹는 자신이 한심하게 느껴졌다. 이런 일이 반복되다 보니 자신은 뭐 하나 똑바로 하는 것이 없는 멍청이 같아서 생각만 해도 몸서리가 쳐졌다. 그렇지만 무엇을 어떻게 해야 할지도 모르겠고, 무엇부터 시작해야 할지도 몰라 답답하면서도 화로 가득 찬 삶을 살아가고 있었다. 이 악순환의 고리를 과감히 끊고 새로운 삶을 살아야겠단 생각이 들지만, 진짜로 그렇게 할 수 있을까 싶은 생각에 희망이 보이지 않는다고 말하며 한숨을 쉬었다. 시은 씨는 자신이 어떤 사람인지 알고 싶다고, 속 시원히 답 좀 해달라고 눈물을 흘렸다.

《나는요,》의 주인공은 시은 씨처럼 자기 자신이 누구인지, 어떤 사람인지 궁금해하는 작은 아이다. 그래서 《나는요,》는 시원한 느낌을 주는 흰색 바탕에 노랑, 주황, 초록 등 여러 색깔의 작은 방울이 흩어져 있는 사이로 “세상에는 수많은 ‘나’가 있어요. 나는요, 나는 누구일까요?”라는 질문이 펼쳐지면서 이야기가 시작된다. 주인공은 이 세상 여기저기에 살고 있는 여러 동물을 보면서 생각한다. 그 생각을 가만히 따라가면 어디인지는 모르겠지만 무엇인가를 바라보던 사슴은 후다닥 달아나며 “나는 겁이 많아요. 작은 일에도 깜짝깜짝 잘 놀라요"라고 말한다. 초록이 가득한 숲속에서 편안하게 잠자고 있는 나무늘보는 "나는 나만의 공간이 좋아요. 그곳에서 마음이 편안해져요"라고 말한다. 이렇게 그림책을 한 장 한 장 넘기면 날치, 토끼, 코뿔소, 북극곰 등 다양한 동물들이 차례대로 등장하면서 자신에 관한 이야기를 솔직담백하게 털어놓는다. 그리고 마지막 장에는 어디론가 향하는 동물들 발자국이 가득한 가운데 "나는 누구일까요?"라는 질문이 다시 한번 등장한다.

《나는요,》에 나오는 동물들은 각자 자기만의 행동 특성을 잘 알고 있을 뿐만 아니라 이를 수용하고 말로 표현한다. 시은 씨와 상담하면서 제일 먼저 자신의 말과 행동 등 있는 그대로의 자기 모습을 관찰하며 말과 글로 표현하는 연습부터 시작했다. 이를 반복하다 보니 자신의 모습이 항상 보기 싫거나 나쁘지 않다는 것을 알게 되었다. 그러면서 자연스럽게 자기 안에 여러 가지 모습이 있다는 것을 발견해냈고, 마음에 들지 않는 모습도 있으나 그런대로 괜찮은 모습도 있다는 것을 알아차렸다. 시은 씨는 점차 자신의 모습을 인정하고 수용해나갔다. 그러면서 다른 사람들의 행동에도 관심을 가지고 관찰해보니, 나뿐 아니라 누구나 다양한 모습을 지니고 있다는 것을 깨달았다. 결국엔 좋은 모습과 좋지 않은 모습이 모여 한 사람을 이루고 있다는 사실을 깨닫고 이를 받아들이자, 시은 씨는 마음이 편안해지면서 자기 자신을 있는 그대로 수용하고 존중할 수 있게 되었다. 자기 자신을 수용할 수 있게 되자 다른 사람들도 평가하지 않고 있는 그대로 수용할 수 있게 되고, 나와 다른 사람들의 다양성까지 존중할 수 있게 되었다.

자기수용은 자기 자신을 있는 그대로 만족스럽게 받아들이고 인정하는 것을 말한다. 집단상담의 대가 이형득 박사는 자기수용을 자신의 신체적 조건이나 생리적 현상을 있는 그대로 경험하는 것이며, 자신의 느낌이나 생각, 행동 등 여러 가지 심리적인 현상을 자신의 것으로 받아들이고 이를 솔직하게 인정하고 책임을 지는 것이라고 했다. 인지행동정서 치료이론 창시자인 앨버트 엘리스(Albert Ellis)는 여기에서 한 걸음 더 나아가 자신이 지적으로 바르고 유능하게 행동하는 것과 관계없이, 사람들이 자신을 인정하고, 존중하거나 사랑하는 것 여부와 관계없이 한 개인이 자신을 온전하게 수용하는 무조건적인 자기수용을 주장했다. 다시 말해 다른 사람이 어떤 반응을 보이든 상관없이 자기 자신을 긍정적으로 수용하는 것이다.

이를 위해선 현실을 직면할 수 있는 용기가 필요하다. 현실을 아무리 부정하고 자기 모습을 부인해도 달라지는 것은 없다. 주어진 삶과 자신을 둘러싼 환경을 부정적으로 여기거나 마음에 들지 않아도 우리는 그것을 바꿀 수 없다. 자기 앞에 놓인 삶을 받아들이지 않고 불만을 토하거나 억울해하면 분노하거나 외면하면서 결국 자기만 힘들어진다. 하지만 자신의 한계나 아픔, 문제 등과 관련된 현실을 있는 그대로 인정하고 받아들이면 거짓 가면을 쓰고 다른 사람의 눈치를 보거나 자기 자신을 옭아매지 않아도 되기 때문에 마음이 훨씬 가벼워진다. 그러므로 우리는 현실을 인지하고 인정하면서 그에 상응하는 대가를 지불하겠다는 태도로 자신을 수용하고 더 나은 쪽으로 나아가도록 노력해야 한다. 그리고 자신과 자신을 둘러싼 환경과 주변 사람들을 객관적으로 바라보며 정확하게 판단할 수 있어야 한다. 이를 위해선 밖으로 향한 관심을 내면으로 돌리고 자기 성찰이 필요하다. 그래야 자신을 제대로 인식할 수 있고, 자신과 타인, 그리고 주변 환경과의 관계를 제대로 설정할 수 있기 때문이다. 이렇게 될 때 우리는 비로소 자신을 신뢰할 수 있고, 자신을 관대하게 대하면서 친절하게 돌볼 수 있다. 긍정적으로 자신을 바라보면서 자신이 원하고 기대하는 바를 이루기 위해 노력하면 어려운 상황 속에서도 자신의 원하는 삶을 살아갈 수 있다.

그림책 심리처방전

하나 진정한 자기수용은 자신이 못났다고 생각하는 부분이나 상처까지도 끌어안을 수 있어야 해요. 자신의 상처와 화해하기 위해 자기 몸을 찬찬히 살펴보면서 그 상처들이 왜 생겼는지 떠올려보세요. 내 삶의 흔적이자 성장의 기록인 흉터와 상처를 따뜻한 손길로 어루만져주세요.

둘 자기 자신에게 나의 어떤 부분이 받아들이기 힘든지, 왜 그렇게 받아들이기 힘든지 물어보세요. 그다음 가까운 지인에게 나의 이런 부분이 있다면 똑같은 이유로 멀리하려 하거나 거부할 것인지 생각하며 이렇게 자신을 대하는 것이 합당한지 자문자답해보세요.

40

마흔 번째 상담

지금이 잠시 쉬어야 할 때 같아요

나만의 방식으로 휴식 취하기

《엄마를 산책시키는 방법》

클로딘 오브륑 글. 보비+보비 그림, 이정주 옮김, 씨드북, 2015

코로나로 인해 사람들을 만나거나 바깥 활동이 줄어들고 집에서 가족들끼리 보내는 시간이 늘어났다. 덕분에 반려동물을 키우는 가정이 많이 늘었다. 코로나 때문은 아니지만 우리 집도 우여곡절 끝에 강아지를 새 식구로 맞아들이게 되었다. 일주일 간격으로 두 마리의 강아지를 입양했고, 아이들은 아침에 눈을 뜨자마자 강아지에게 뽀뽀를 해대며 인사를 했다. 딸은 자기 인생에서 이렇게까지 행복한 날은 지금껏 없었다며 날마다 행복해했다. 아들 역시 강아지들을 볼 때마다 너무 사랑스러워서 어쩔 줄을 모르겠다며 산책과 배변 처리는 물론 사료를 주고 놀아주는 등의 수고를 기꺼이 하고 있다. 남편 또한 가장 먼저 달려 나가 퇴근하는 남편을 환대하는 강아지들이 예뻐서 어쩔 줄을 몰라 했다. 덕분에 가족들의 공통 관심사인 강아지 이야기가 가족 톡에 빈번하게 오르내리면서 대화가 많아지고 점점 더 화목해지는 변화가 생겼다.

강아지 입양으로 가장 큰 변화를 보인 건 강아지 입양을 반대하던 나 자신이다. 강아지들 덕분에 운동을 싫어하는 내가 하루에 두 번씩 무조건 산책을 하게 되었다. 나는 작년에 몇 달 동안 엄청난 양의 하혈을 하다가 결국엔 자궁적출 수술을 할 만큼 건강이 좋지 않았다. 그때는 혼자서 아파트 한 바퀴, 그러니까 천 보도 겨우 걸을 만큼 건강 상태가 좋지 않았는데, 강아지들과 산책을 하면서 조금씩 건강을 회복할 수 있었다. 진도 종류의 개는 자기가 생활하는 공간에 절대 배변을 하지 않는 특성이 있어 무조건 산책을 해야 했고 비가 오나 눈이 오나 날마다 산책을 했다. 딸의 표현에 따르면 '자비가 없는 강아지'라서 비가 오나 눈이 오나 무조건 하루에 두 번은 기본적으로 산책을 나가야 한다. 그러다 보니 천 보 걷던 것을 5천 보, 만 보 걷게 되고 나중엔 산책 중간중간 1분씩 뛸 수 있게 되었다. 1년이 지난 지금은 한번에 30분은 쉬지 않고 뛸 뿐만 아니라 실내 자전거도 20~30분씩 탈 수 있게 되었다.

《엄마를 산책시키는 방법》에서 말하길 산책이란 휴식을 취하거나 건강을 위해서 천천히 걷는 일이라고 한다. 산책은 심장을 튼튼하게 하고, 신체 유연성을 길러주며 근육과 뼈를 튼튼하게 해줄 뿐만 아니라 머리도 맑게 해준다. 그래서 아이들은 엄마가 바깥에 나가서 산책하며 맑은 공기를 쐬도록 애쓴다. 그러면서 엄마가 집을 나서기 전 화장실에 들러서 소변을 봤는지 확인하고, 손가락장갑은 꼈는지 꼼꼼히 점검하는 수고를 아끼지 않는다. 아이는 중요한 엄마의 간식까지 챙기면서 노력한다. 그렇게 모든 것을 꼼꼼히 확인하고 산책을 나선 아이는 엄마 손을 잡고 산책하기를 무척 좋아한다. 아이는 엄마에게 산책이 꼭 필요하단 걸 잘 알고 있다. 그래서 산책하는 동안 엄마에게서 한시도 눈을 떼지 않는다. 엄마는 이따금 공상에 잠기기도 하고, 전화하거나 아는 사람을 만나 한참 수다를 떨기도 하기 때문이다.

우리 아이들도 엄마를 산책시키기 위해 노력한다. 사실은 자기들이 강아지 산책시키는 게 귀찮아서 그러는 것 같지만, 그건 절대로 아니라면서 엄마의 건강을 챙기기 위한 진심 어린 충고이자 조언이라고 우겨댄다. 사실이야 어쨌든 강아지들 덕분에 나는 논문을 쓰다가 머릿속이 복잡해지면 산책을 하면서 정리하곤 한다. 신선한 바람을 쐬면서 천천히 걷다 보면 기분 전환이 되고 골치 아픈 문제에 대한 해결책이 떠오르는 효과를 가끔 누리곤 해서 아이들이 부탁하기 전에 내가 먼저 산책 나갈 때도 있다. 강아지를 데리고 동네를 어슬렁어슬렁 걷다 보니 자연스럽게 하루에 몇천 보씩 걷게 되었다. 나도 모르는 사이 자연스럽게 운동하는 재미를 느끼게 되고 습관이 되면서부터는 만 보 이상은 거뜬히 걸을 수 있었다. 건강 또한 조금씩 좋아지는 걸 느끼게 되자 이제는 하루 10~20분씩 조깅하면서 운동 강도를 높이는 동시에 운동의 종류 또한 점점 늘려서 하기에 이르렀다.

이성을 중시하는 계몽주의 철학자 장 자크 루소(Jean Jacques Rousseau)는 자신이 쓴 책들이 불태워지는 것을 지켜볼 수밖에 없는 적대적 분위기 속에서 지식의 무기력함을 깨달으며 비관주의에 빠지기도 했다. 그런 그는 사회의 냉대와 박해로부터 상처받은 마음을 돌보기 위해 시골길을 산책하곤 했다. 루소는 "나는 편안하게 걷다가 마음 내킬 때 멈춰 서는 것을 좋아한다. 날씨가 좋을 때 서두르지 않고 아름다운 동네를 걷는 것, 그리고 다 걷고 나서 유쾌한 대상을 만나는 것, 그것이야말로 내 취향에 가장 잘 맞는 방식이다"라고 말했다. 산책하는 동안 스치는 바람과 흙냄새, 꽃내음을 충분히 음미하는 것이 좋다. 햇볕에 출렁이는 나뭇잎을 자세히 관찰해보거나 맑은 하늘을 만끽해보는 즐거움을 누려도 좋다. 루소가 산책하는 동안 아무것도 하지 않고 오로지 깊은 생각에 잠기곤 했던 것처럼.

산책하면서 걷기 명상을 겸해도 좋다. 마음 챙김에 근거를 둔 치료기법인 걷기 명상은 걷는 활동을 통해 변화되는 신체적 감각을 의식적으로 알아차리는 정신적인 활동이다. 천천히 호흡하되 들이마시는 숨이 발바닥으로 들어왔다 나간다는 느낌을 유지하면서 발과

다리 감각을 충분히 느낄 수 있도록 천천히 걷는다. 걷는 것에 초점을 맞추고 있지만, 걷기 명상을 반복하다 보면 신체 감각뿐만 아니라 자기 생각과 감정까지 알아차릴 수 있어 이미 굳어버린 습관이나 고정관념을 교정할 수 있으며 감정까지 정화할 수 있다. 동작 하나하나에 집중할 수 있고, 운동하는 동안 걱정과 근심, 불안한 마음을 잊게 되는 효과도 있다. 강아지들 덕분에 시작한 산책이지만 이제 원고를 쓰다가 막힐 때, 속상한 일이 있을 때, 무조건 밖으로 나가 걷거나 뛴다. 마음에 여유가 생기니 가족이나 일을 대하는 태도 또한 달라졌고 더 자주 산책하고 걷기 명상을 하려고 노력하고 있다.

그림책 심리처방전

하나 걷기 명상을 해보세요. 걸으면서 발의 어느 부분이 먼저 땅에 닿는지, 다리 근육은 어떻게 움직이는지 집중해보세요.

둘 시간 날 때마다 천천히 집 주변을 걸으면서 자연을 음미해보세요. 햇살과 바람, 빗방울과 흙냄새, 꽃내음 등 지금 이 순간 자신을 스쳐가는 것들을 충분히 느껴보세요.

이 도서는 한국출판문화산업진흥원의 '2022년 중소출판사 출판콘텐츠 창작 지원 사업'의 일환으로
국민체육진흥기금을 지원받아 제작되었습니다.

당신의 밤이 편안했으면 해

초판 1쇄 발행 2022년 9월 30일
초판 2쇄 발행 2023년 4월 20일

지은이 임명남
펴낸이 오혜영
교정교열 김민영
디자인 온마이페이퍼
마케팅 한정원

펴낸곳 그래도봄
출판등록 제2021-000137호
주소 04051 서울시 마포구 신촌로2길 19, 316호
전화 070-8691-0072 **팩스** 02-6442-0875
이메일 book@gbom.kr
홈페이지 www.gbom.kr
블로그 blog.naver.com/graedobom
인스타그램 @graedobom.pub

ISBN 979-11-92410-10-4 03180